ESTO NO ESTÁ PASANDO

ESTO NO ESTÁ PASANDO

CARMEN ROMERO

Planeta

Av. Diagonal, 662-664, 08034 Barcelona
www.planetadelibros.com

Diseño de interior: © Mauricio Restrepo
Fotografía del interior: © Carmen Romero
Iconografía: Grupo Planeta

Primera edición: mayo de 2024
Depósito legal: B. 6.952-2024
ISBN: 978-84-08-28729-2
Preimpresión: Realización Planeta
Impresión: Liberdúplex
Printed in Spain – Impreso en España

PEFC Certificado
Este libro procede de bosques gestionados de forma sostenible
PEFC
PEFC/14-38-00305
www.pefc.es

ÍNDICE

A todos los que quisieron irse, pero se quedaron.
A mi madre y mi hermana,
las dos razones por las que sigo aquí.

1—

16 DE JUNIO DE 2016

PARO LA PELÍCULA *El Padrino* que hemos empezado a ver porque hace veinte minutos que Miguel se ha ido a dormir. No se encontraba bien, así que voy a ver si necesita algo.

Igual ahora sí quiere la merienda que le había preparado.

Espero que no le haya dado el brote psicótico otra vez. Lo espero por él, pero también por mí, porque no he pensado en qué hacer si le vuelve a pasar y me da mucho miedo esa posibilidad. No, no creo. Parecía muy tranquilo. Se ve luz por debajo de la puerta. ¡Qué raro!, si le oí bajar las persianas. No se habrá conseguido dormir. Abro la puerta, y en un segundo lo entiendo todo y lo dejo de entender para siempre. La ventana está abierta al máximo, nunca la había visto así, da vértigo. Las cortinas están sueltas y se mueven con el viento. Una está un poco descolgada, como si hubieran tirado muy fuerte de ella. Parece una película, para mí es una película. En ese momento, mi cerebro apaga el interruptor de la realidad y pone el piloto automático. No soy capaz de entrar al cuarto. Me quedo en la puerta, agarrada al marco, como en las películas. «¿Lo ves? Esto es una película, no está pasando».

La cama está deshecha y Miguel no está por ningún lado, ya he recorrido la habitación con la mirada varias veces, y a no ser que ahora tenga el tamaño de los chavales de *Cariño, he encogido a los niños,* no está ahí. Bueno, puede que haya encogido, por qué no. Ahora mismo cualquier excusa para no encontrar a Miguel me sirve.

¡El baño! Claro, el baño. Eso es. Hay una oportunidad de salvación. Miguel debe de estar en el baño. Me giro y lo veo abierto con la luz apagada. No está ahí. Empiezo a buscarlo por toda la casa. Tiene que estar. La recorro como si estuviera buscando una aguja en un pajar, que es lo que me he dedicado a hacer desde entonces. Buscarle sentido a esa tarde y, en definitiva, a la vida.

Esta película no me está gustando, me estoy empezando a asustar. Me niego a entrar en su cuarto, Miguel va a aparecer en cualquier momento, no voy a mirar por la ventana, no le voy a encontrar ahí. Miguel está en algún lado de la casa. Sigo buscando.

Miro hasta detrás de las puertas. Siempre ha sido muy bromista, pero esto es demasiado. Qué hijo de puta, se está escondiendo muy bien. Voy a perder al escondite y ni siquiera sabía que estaba jugando.

Desesperada, viendo que se me agota el tiempo para encontrarle, decido preguntarle a María, nuestra hermana. Ella es la mayor, debe de saber dónde está. Los hermanos mayores siempre tienen respuestas. Tengo la esperanza de que haga aparecer a Miguel por arte de magia. Si le saca de un sombrero, será mucho más creíble que lo que parece estar pasando, porque no: esto no está pasando.

María me dice que Miguel está en su cuarto, durmiendo. «Miguel no está en su cuarto» es lo único que alcanzo a decir, y por mi tono de voz y por mi palidez en la cara, que debía de parecerse a la de Voldemort, ella se da cuenta de dónde puede estar. Va corriendo hacia el cuarto y, en cuanto llega a la puerta y ve la escena de película, empieza a repetir «no, no, no...». Mira, le ha pasado como a mí, pero ella es capaz de decirlo en voz alta. Se asoma corriendo a la ventana. «No, joder, no, no te asomes. Si no le vemos, todavía le podemos encontrar». Empieza a gritar y a llorar. Se agarra fuerte al aluminio de la ventana, como para coger impulso. No me jodas, María. Ahora que hemos descubierto dónde está Miguel no vale hacer lo mismo, hay que esconderse en otro sitio.

Miro por la ventana porque sé que se ha acabado el juego. Ahí está, en el suelo. Se me hace rarísimo verle tan quieto, creo que tiene los ojos cerrados. No veo sangre. Eso significa que está en coma. Para mí tiene sentido. No hay sangre porque está en coma. Eso es. Le va a costar recuperarse, pero, ya ves, seguro que se recupera. Es una buena hostia, son trece pisos, y va a estar un buen tiempo en coma, pero lo que nos vamos a reír luego, ya verás. Le voy a hacer bromas con esto hasta que se muera. Porque ahora no está muerto. No. No puede ser. Las películas siempre tienen un final feliz.

Ya hay gente alrededor de él. Joder, se han enterado antes que nosotras. Ah, que el ruido sordo que levantó el edificio hace un rato no eran dos coches chocando. Ya decía yo que no había visto nada al mirar por la ventana. Miré por la que no era.

María quiere bajar corriendo y yo no quiero, porque si no lo veo de cerca es que no ha pasado. «¿Cómo no vamos a bajar, Carmen?», me dice ella, llorando. Creo que ya no volví a verla sin llorar durante unos cuantos días. Yo, sin embargo, no soy capaz de llorar. De pronto eso me preocupa. ¿Por qué no puedo llorar? Claro, es que no hay un motivo para llorar. Todo esto no está pasando. No estoy sintiendo nada, así que no lloro, y no siento nada porque no pasa nada. Simplemente estoy viendo una película bastante desagradable. Le voy a poner un cero en Filmaffinity.

Me doy cuenta de que María ha bajado corriendo y de que yo sigo sin querer bajar, porque, si cierro los ojos y lo deseo muy fuerte, creo que Miguel aparecerá por casa riéndose a carcajada limpia, casi ahogándose, como siempre que gastaba una broma. Mientras, me empiezo a vestir de forma automática. Todo mi cuerpo está gritando que no me mueva, que cierre los ojos y que espere a que todo esto pase, pero mi conciencia me dice que María no debería enfrentarse a esto sola, así que tendré que bajar. Otra vez Miguel tocando las narices. No para, es un profesional.

Llamo al ascensor. Joder, cuánto tarda. Claro, tiene que subir trece pisos. Miguel ha bajado enseguida. Igual es que el ascensor tardaba mucho y él tenía prisa. Vaya mierda de pensamientos tengo, menos mal que es un sueño y mañana no los voy a recordar.

Cuánto tiempo llevo esperando el ascensor, ¿tres horas? Ah, no, solo un minuto. Joder, Einstein, ya ves, el tiempo sí que es relativo. Einstein al final resultó ser otro hijo de puta, ¿no? No lo sé, debería comprobarlo. Debería hacer cualquier cosa con tal de no bajar a la calle. Sigo esperando el ascensor. Noto el latido del corazón en las sienes a mil por hora, es lo único que puedo sentir. Pienso que no debe de ser sano que vaya tan rápido, y a la vez creo que es mejor que vaya rápido a que no lo haga. Igual el de Miguel no va. No, sí va, claro que va. Hemos quedado en que Miguel está en coma, pero se despertará. Entro en el ascensor y me miro en el espejo. Se me hace rarísimo verme. No me reconozco. Es como si no fuera yo. Como si en el espejo se reflejara una extraña que está viviendo esto y que no soy yo. «Esto no está pasando», empiezo a repetir como un mantra. Creo que he malinterpretado el libro de metafísica que estoy leyendo sobre que esta vida es un sueño. Eso era de Calderón, ¿no? ¿Le habrán plagiado? ¿Calderón era el del estadio del Atleti? Vaya jefe si dijo esas barras y encima le hicieron un estadio.

El ascensor llega abajo. Salgo al portal. A la derecha, a unos diez metros, está Miguel tirado en el suelo, rodeado de médicos. Sigo sin ver sangre. ¿Ves? Está en coma, lo que yo decía, me alegro de tener razón. María está llorando apoyada en la verja del edificio. Voy a abrazarla; aunque sea un sueño, quiero ser buena persona. Me da pena verla así. Estoy empatizando con este personaje bastante, ojalá luego le pasen cosas buenas. La abrazo fuerte, como si la fuerza pudiera teletransportarnos de este sueño de mierda. En el fondo, lo que dice la poca energía que tengo ahora mismo es «siento mucho que estemos tan jodidas», pero no soy consciente. Quiero decirle que esté tranquila, que esto no está pasando, pero descubrir la verdad en voz alta me da miedo, por si me quedo atrapada en el sueño. Sigo repitiendo en bucle mentalmente: «Esto no está pasando».

Mientras la abrazo, miro hacia Miguel. Ella se ha acercado a él, me ha dicho, pero no logra decir nada más. Yo no me voy a acercar porque estoy segura de que está en coma, no me hace falta comprobar nada. No, es que no me puedo acercar. Se me hace imposible. A lo lejos veo como si su brazo estuviera partido en dos a la altura del codo. Debe de ser que esta perspectiva me está engañando. Si de verdad lo tiene partido, no pasa nada: como va a estar un tiempo en coma, se lo pueden colocar otra vez. Eso se hace, ¿no? Un Mr. Potato humano. Los médicos saben, dejémosles trabajar.

Todo está bien. No pasa nada. Esto no está pasando. Ahora nos van a decir que lo llevan al hospital y listo. Vaya susto, qué movida. Se acerca hacia nosotras un médico con mal gesto. Yo sigo abrazando a María. Viene negando con la cabeza. A mí no me niegues, imbécil, que no soy Jesús. Empiezo a enfadarme. Ya está bien con la broma. Alguien tiene que poder arreglar este desastre antes de que venga mi madre y, aunque me siento completamente responsable de todo esto, reconozco que yo no soy capaz, no sé qué coño hacer, si no he podido ni mirar por la ventana sola, ¿no podría alguien cooperar? Solo pido un mínimo de ayuda, que le den a Miguel una torta en la cara o algo para que se despierte. Ah, no, que está en coma, súbelo a la camilla y nos vemos en el hospital, venga. Yo voy con mi coche.

Lo único que nos dice el médico es «lo siento». Pues yo no: desde hace un rato no siento absolutamente nada más que el aire frío que hace para ser junio. Me tenía que haber bajado una rebeca por si refrescaba, cómo se nota que no está mi madre, y que no aparezca, por favor. Nunca he tenido menos ganas de verla que ahora mismo. Hasta que no resolvamos este contratiempo no puede aparecer.

Pienso todo esto, pero solo le digo al médico «no». «Lo siento». No. No lo sientes, ya te lo digo yo. ¿Le estoy haciendo un *womansplaining*? ¿Eso existe?

«Es una caída de unos cien metros, no se puede hacer nada». Siempre se puede hacer algo, intentemos algo. Por lo menos meterle en los récords Guinness, que ha volado cien metros. Aunque creo que nos van a decir que, para registrarlo, tendría que haberse levantado. No lo sé, tengo que consultarlo. Esto y lo de Einstein.

El médico nos aprieta el hombro y se va. María llora más. Yo ya no puedo decir nada. Nos acaba de decir que Miguel está muerto. Así. Ya no está. Pero si hace media hora estaba en la cama. Si hace cuarenta minutos estábamos empezando a ver *El Padrino*, que ninguno de los dos la había visto. Joder, ya no la voy a poder ver nunca. Me ha jodido *El Padrino*. Ya no sabré si apadrina niños. Qué putada. Teníamos que haber visto *El club de los 27*, que, de pronto, ha pasado a ser su *biopic* y el *spoiler* me daría igual. De hecho, a Miguel aún le faltan dos meses para cumplir veintisiete. Es el benjamín de la lista de celebridades que han muerto a esa edad.

Mi cerebro sigue sin ser capaz de procesar. Está muerto, vale, no pasa nada. Lo importante es que mamá no se entere. Si se entera le puede dar un infarto. Siento que la muerte de Miguel es culpa mía, así que, si le pasa algo a mamá, también lo será. Me esfuerzo por pensar una coartada para lo de Miguel y así proteger su corazón, porque dos muertes en una misma familia, en un mismo día, no se pueden dar, ¿no? Y encima no son gatos, solo tienen una vida. No, sería demasiado jodido, aunque ahora mismo me creo que puede pasar, así que a buscar excusas. «Se ha ido a Nepal», se me ocurre. Nepal mola, ¿no? Nunca he estado, pero suena bien. Sí, eso funcionará. Creo firmemente que decir que Miguel se ha ido a Nepal con el pijama de Hello Kitty que le he dejado para dormir la siesta colará, como creí cuando tenía siete años que Tete, el perro que habíamos traído del Rastro, viviría debajo de la cama si se lo pedía amablemente y así mamá nunca se enteraría de su existencia. Ese plan me duró diez minutos, hasta que abrió la puerta del cuarto y el perro salió corriendo a saludarla, pero este me parece mucho más consistente. He tenido dieciséis años para perfeccionarlo desde entonces, no fallará.

También podemos fingir que Miguel nunca ha existido, aunque eso me parece un poco más difícil de mantener que lo de Nepal, y no me hace mucha gracia que mamá piense que está loca. Me imagino preguntándole: «Mamá, ¿ese Miguel del que nos hablas está en esta habitación?». (No, ese es el problema.) No, no voy a aguantar mucho con ese plan, siempre me da pena tomarle el pelo a la gente, acabo confesando antes de empezar. Ella no tiene que sufrir por mi culpa, aunque ahora mismo pienso que es exactamente eso lo que va a pasar, porque no he sido capaz de evitar este desastre.

Un policía local me dice que le dé mis datos y los de Miguel porque le ha preguntado a María, pero no está en condiciones de hablar. Ay, amigo, si supieras que ahora mismo tengo el vocabulario de un mono borracho pensarías un poco lo que estás diciendo. Pero le digo que sí porque sigo en piloto automático. Subimos a casa el policía, que, sinceramente me ha parecido un poco maleducado por no dar ni las buenas tardes, aunque no sean buenas, una mujer del SAMUR que parece maja y yo. «Hace frío hoy, ¿eh?», les digo en el ascensor. Es increíble como bajo cualquier circunstancia en un ascensor se habla del tiempo con los extraños. Llegamos a casa, vamos al cuarto de Miguel. «Ay, hay una nota en la mesa, ¿la has visto?», me dice la mujer del SAMUR. Hostia, no, a ver, una nota de despedida. Ojalá ponga solo «Dew», es la única nota de despedida que me parecería guay.

«No, no la veas ahora, luego la ves». Pero, señora, qué tipo de *clickbait* es este. Mi hermano ha dejado algo escrito, es la única explicación que hay a esta puta locura y me dice que la vea luego. Váyase a la mierda, con respeto. Voy a leerla ahora porque, con suerte, se acaba este sueño. Como en *Origen*, ¿no? Que lee una nota y se despierta. No lo sé, me quedé dormida viendo *Origen*, algo que siempre me ha parecido gracioso, así que me inventé el final.

A ver qué coño dice este de la que ha liado. Hay una sola palabra escrita. ¿Es una pista, como en *Indiana Jones*? Qué guapo. Ah, no, pone «Diazepam», lo que le mandó el psiquiatra ayer por si tenía ansiedad. Vaya, ya llega tarde a la toma. Me parecía raro que Miguel dejara una nota de suicidio. No es su estilo. Es más de bomba de humo, como yo. Creo que se le ha ido de las manos esta vez.

No sé a qué se dedica esta señora rubia del SAMUR, pero no me parece muy buena si ha confundido el nombre de un medicamento con una nota de suicidio. Aunque, espera..., ¿y si de verdad es una nota de suicidio? Diazepam debe de ser una palabra clave. Claro, Diazepam es un anagrama de... *mapadize*. Eso tiene menos sentido. No, definitivamente, no es una nota de suicidio. Lo que sí puede ser es una prueba de que se ha ido a Nepal. A buscar *mapadize,* la famosa bebida de los nepalíes. ¡Buah, es un plan sin fisuras! De pronto tengo ganas de ver a mamá para contarle cuanto antes que Miguel se ha pirado a Nepal a por ansiolíticos líquidos y así poder seguir con nuestras vidas como siempre. Ya está, todo solucionado. Cerebro, te debo una. Prometo darte más omega 3.

El policía de nula educación me pide el DNI de Miguel, lo apunta y se larga sin decir adiós. Cómo se nota que es hombre: en cuanto termina con lo suyo, se pira.

De pronto, aparece un señor por la puerta de la habitación haciendo fotos sin decir nada. Lo sabía, es una película. Qué alivio. Tengo la prueba definitiva. Si no es una película, ¿qué loco aparece en un dormitorio haciendo fotos? Un *voyeur*, ya, pero este señor no tiene pinta de eso y aquí nadie está follando, aunque ver a alguien follando ahora mismo me parecería lo más normal y lógico según se están desarrollando los acontecimientos.

El señor se dirige a la mujer del SAMUR para decirle que es el forense y preguntarle si se ha tirado desde ahí. No, le estaba enseñando a esta señora las vistas de Madrid que tenemos desde este ángulo, que son preciosas. Vaya idiota, encima ni me mira, otro maleducado. Vas a pasarte la noche observando a mi hermano y ni me saludas. Mira, al final sí que es un *voyeur*.

De pronto me doy cuenta de que nos han metido en una ambulancia a María y a mí. Ahí estamos, sentadas y calladas. Creo que esta ambulancia está mal aparcada y mi calle es muy estrecha, los coches no van a poder pasar. Pues que se jodan, también te digo, no me puedo preocupar por todo el mundo hoy. Qué hacemos aquí, vaya desperdicio de ambulancia. Bueno, Miguel ya no la necesita, así que podemos estar un rato, supongo. María sigue llorando.

Una chica joven que masca chicle con la boca abierta nos pregunta cómo estamos. He tenido días mejores, la verdad, pero bueno, no me quejo, que todavía puede ser peor, pienso mientras miro al vacío. No me apetece contestarle, y de pronto me parece buena idea ser maleducada yo también. ¿Por qué voy a tener que atender y responder a todo lo que estos desconocidos me pregunten si mi hermano se acaba de marchar para siempre y mi vida se ha roto en mil pedazos, aunque ni siquiera lo pueda sentir ahora mismo? Sinceramente, que os jodan a todos. Menos a María, María ya está bastante jodida. No deja de llorar, pobre. Debería beber agua, no puede tener lágrimas para mucho más tiempo. «¿Hay agua?», le digo a la chica que masca chicle. Me parece que mascar chicle enseñando más dientes que Isabel Pantoja mientras intentas animar a dos personas que acaban de perder a su hermano no es muy profesional. Ya me cae mal.

«No», me contesta borde. Ahora me cae peor.

Joder, cuánto tarda mamá, son más de las ocho de la tarde. Puto Einstein.

De pronto abren la puerta de la ambulancia. Es mi madre. Dejo de sentir las piernas, menos mal que estoy sentada. Repaso mentalmente el plan de Nepal. Rápido, es la hora. Mierda, no le he contado el plan a María, la va a cagar. Mierda, mierda, mierda. Veo que mi madre tiene la cara que debo de tener yo desde hace una hora.

«¿Qué ha pasado?», pregunta muy asustada.

Nada, me la cargo con todo el equipo. Se acabó, no voy con lo de Nepal porque básicamente no puedo decir nada. «Lo siento», atino a decir.

«¿Qué ha pasado?», repite, más asustada. La mujer rubia y la mascachicles le dicen que se siente. Señoras, ustedes no son Tejero, mi madre quiere saber qué coño ha pasado y yo, como desde hace una hora, quiero que alguien haga el trabajo por mí, porque yo no soy capaz de hacer nada, así que, por favor, hagan algo útil hoy y cuéntenle alguna mentira que sirva para que no vuelva a preguntar nada sobre el tema y acabemos con esto para siempre. «Miguel se ha tirado por la ventana», dice María. Vaya, ahora sí está para hablar. «No puede ser», dice mi madre. Bienvenida a mi equipo, mamá, ya somos dos negacionistas. Empieza a llorar fuerte. «Que no le dé un infarto, por favor» es mi nuevo mantra. A la vez pienso que una ambulancia es de los mejores sitios para que te dé un infarto, pero como la tengan que atender las dos que hay dentro lo llevamos claro. Si una ha confundido una nota de suicidio con el nombre de un medicamento no quiero saber qué hará con los desfibriladores. Y la otra tiene pinta de querer usar el chicle para hacer que el corazón vuelva a latir, aunque eso será si no se lo hago tragar antes.

Mi madre se sienta a plomo llorando desconsolada.

—¡¡No puede ser!! ¿Dónde está? ¡¡Quiero verle!!

(He puesto dos para que sean pares, pero no hay suficientes signos de exclamación que hagan justicia a su nivel de voz en aquel momento.)

Tarde, ya se lo han llevado. ¿Se lo han llevado sin que su madre lo pueda ver? Se lo han llevado sin que su madre lo pueda ver. Creo que hemos reunido a la gente con turno de tarde más gilipollas de Madrid hoy aquí, qué bonita casualidad. Mi madre no para de pedir verlo porque no se lo cree. Siempre sospeché que era más de Hume que de Descartes, no tiene un pelo de tonta.

Las brujas de la ambulancia insisten en que no puede verlo. Mamá, hija, ni que lo hubieras parido y criado con todo el amor que un ser humano pueda dar, no seas pesada.

Nos empiezan a hacer preguntas a las tres. Genial, a ver quién acierta más y se lleva el millón. Yo creo que con el Gordo de hoy ya hemos tenido suficiente, así que desconecto. No recuerdo qué nos preguntaban, he eliminado ese rato de mi memoria. Dicen que el cerebro tiende a borrar las malas experiencias, pero a mí me ha borrado antes la conversación con aquellas dos que el propio suicidio de mi hermano. Resulta que eran psicólogas del SAMUR. Creo que ese es el único momento en el que alguien ha deseado que un psicólogo no le dé cita hasta pasados seis meses.

Se abre la puerta de la ambulancia y entra mi tío. Esto va a terminar siendo el camarote de los hermanos Marx. No me acordaba de que le habíamos llamado para decirle que viniera rápido, pero no por qué tenía que hacerlo. La psicóloga que masca chicle me dijo que era importante no dar este tipo de noticias por teléfono, que es mejor en persona. Yo creo que no hay que fastidiar tanto a la gente, la mayoría de reuniones puede reducirse a un *e-mail*.

Mi tío no dice nada, se tapa las manos con la cara. Ya, si a mí también me ha partido la tarde de este martes, qué me vas a contar. Ya estamos todos. Ah, no, falta mi padre. Pero mi padre nunca está.

Subimos a casa los cuatro. Sigo sin poder entrar al cuarto de Miguel, solo me puedo asomar. Desde la puerta, veo su móvil en la mesita de noche. Se enciende porque le ha llegado una notificación. Es una sensación rarísima que el móvil siga funcionando, si ya no lo va a usar.

Vuelvo al salón. Ahora mi mayor preocupación es que nadie se acerque a las ventanas; las ventanas son el peligro, no toques la ventana, mamá, te puede matar. Los niveles de ansiedad me suben muchísimo cuando alguien se acerca a una ventana o la ventana emite cualquier ruido. ¿Es que no podemos obviar su existencia y ya está? No, mi familia sigue insistiendo en usar las ventanas. Genial. Cuando mi madre se acerca a cerrar una, la agarro fuerte como si estuviera al borde de un precipicio. Ella lo entiende y levanta las manos mientras se aleja de la ventana. Eso es, que nadie se acerque a las ventanas y todo estará bajo control.

Me apoyo en la cama de María, pero no la siento. Sigo sin poder sentir nada. Ni por fuera ni por dentro. Es como si el tacto y cualquier tipo de emoción hubieran abandonado mi cuerpo. Claro, mi cerebro está en piloto automático y cuando maneja el piloto hay que poner el modo avión. ¿Cuánto tiempo se podrá estar sin sentir? Es muy raro, empiezo a creer que soy como un huevo hueco, un cascarón sin nada dentro.

Vale, si no puedo sentir, voy a pensar. Hay que usar la lógica. Miguel se ha muerto, esta noche le van a hacer la autopsia y mañana tendremos que ir a un tanatorio, esperar otro día más y, después, enterrarle. Habrá que hacer papeleo. ¿Vamos a heredar algo? Yo ya tengo sus sudaderas viejas de invierno, es todo lo que me interesa de sus posesiones. No creo que podamos sacar mucha tajada. Es militar, pero le gusta ser un disfrutón.

Le gustaba.

Ahora mismo mi mente solo repite lo que tenemos que hacer, paso por paso, como un robot de cocina. Mi hermano se acaba de morir, y solo pienso en qué ingredientes hay que ir echando. Toca meter el tanatorio y, mañana, cuando haya reposado, el entierro. No, espera, primero va la autopsia, no me la puedo saltar o se jode la receta. El *voyeur* del forense, es verdad. Tiene que comprobar la causa de su muerte. Lo entiendo, yo tampoco confiaba en la dureza del cemento, pensaba que estaba en coma. Mañana es cuando lo llevan al tanatorio. ¿A cuál? Eso es importante. No me he enterado. Mierda, siempre me lío con los nombres, apenas soy capaz de recordar el mío.

Debo de dar pena sentada en la cama de María con las manos agarrando el colchón con la poca fuerza que me queda y la cabeza agachada pensando el próximo paso de la receta, porque María viene y me abraza fuerte. Cada abrazo es una confirmación más de que Miguel ya no está.

Han llegado sus compañeros de trabajo, ahora hay que sacar sillas y dar palique. No, creo que paso. Les saco solo las sillas y que se apañen, no tengo ganas de pensar estupideces para hablar. Además, está mi madre, el tema de conversación está controlado. Serafina sabrá hablar durante horas. No tardan mucho en irse. Si por ella fuera se habrían quedado a dormir, pero cree que mañana estarán cansados y tienen que trabajar. Los envidio, para ellos mañana la vida sigue. A nosotras se nos ha parado y no sabemos por cuánto tiempo. Quizá para siempre.

Ahora mismo solo tengo una cosa clara: no voy a dormir en el cuarto de Miguel, si no puedo ni entrar. Era mi cuarto desde que él se mudó hace unos meses, pero ahora es suyo y no lo puedo ocupar. Tengo la sensación de que aún está en casa, así que necesitará su cama. Dicen que cuando alguien se muere se queda con sus seres queridos un tiempo; seguro que Miguel tiene pensando usar esta casa de Airbnb indefinidamente.

Juntamos las dos camas que hay en el cuarto de María, también mi excuarto, y nos metemos las tres dentro. Por estar tumbadas, supongo, porque todas sabemos que ninguna va a dormir.

Mañana temprano hay que ir a por el informe forense. Con la previsión de sueño de esta noche, por primera vez en mi vida me alegro de tener que madrugar.

Cierro los ojos y deseo muy fuerte que esto no haya pasado. Los abro y veo a mamá y a María en la cama. Mierda, no ha funcionado. Maldito Paulo Coelho, lo he deseado todo lo fuerte que he podido, cabrón. Vuelvo a cerrar los ojos, deseando desaparecer un tiempo, a ver si esto funciona. Mi plan es dormir hasta que toda esta pesadilla que estoy viviendo despierta se pase. No digo suicidarme, porque quedaría poco original ahora, pero sí encontrar un arreglo temporal para desaparecer un tiempo. Vuelvo, juro que vuelvo, pero necesito vacaciones de la vida. La excusa de ir a por tabaco ya está inventada, así que tengo que pensar en otra cosa. ¿Podría decir que me he ido a Nepal?

Mientras pienso cómo escaquearme de este marrón como una sucia cucaracha, siento como si alguien me abrazara fuerte. Abro los ojos y no lo está haciendo nadie. Me viene Miguel a la mente. Es él. Él me está abrazando, estoy segura. Tan segura como que no voy a poder abrazarle nunca más. En ese abrazo me está diciendo que todo irá bien y, sinceramente, no tengo la más remota idea de cómo va a suceder eso, pero consigue dormirme.

Vaya minutos buenos de sueño. Puede que hayan sido diez. Me fastidia que aún sea de noche. Se me está haciendo larga ya y solo debe de haber pasado una hora desde que nos metimos en la cama. ¿Estarán ellas despiertas? Antes de que termine la frase mi madre resuelve la duda.

—¿Vosotras tampoco podéis dormir?

—No —respondemos María y yo a la vez.

Nos ponemos a hablar de todo y de nada, para distraernos cada una y para distraer también a las otras. Al final nos quedamos medio dormidas mientras sale el sol. Nunca había visto el amanecer desde una cama. Es verdad eso de que nunca te acostarás sin aprender algo nuevo.

2—

EL DIABLO HA VENIDO A VERNOS

TENGO QUE CONFESAR UNA COSA. Podéis juzgarme si no lo entendéis, no vais a hacerlo más de lo que lo he hecho yo durante mucho tiempo.

Cuando el médico nos dijo que Miguel había muerto, sentí mucho alivio. No es que lo sintiera literalmente, porque no podía sentir nada, pero mi cerebro me dijo que eso era un alivio. Me explicó que todo había acabado después de las últimas semanas infernales que había vivido. «Ya está, ya no puede pasar nada peor», me decía. El pobre estaba convencido de que él, como Miguel, ya no iba a sufrir más, pero no sabía que solo eran los minutos antes de la prórroga de esta pesadilla.

Supongo que mi cerebro vio aquel desastre como algo positivo porque llevaba tres semanas en alerta, pensando que, en cualquier momento, podría ocurrir un desastre. El 15 de junio, la única noche que Miguel estuvo en casa después de que le dieran el alta en el hospital, la pasé con la oreja puesta en la puerta de su cuarto, escuchando cómo dormía. Tenía una respiración muy profunda que me daba paz. Se había acostado con su reloj, le gustaba mucho. Le pregunté si, antes de dormir, se lo quería quitar y dejarlo en la mesita de noche. Lo miró, me miró, miró la mesita, volvió a mirar el reloj, me volvió a mirar a mí y dijo en bajito: «Mejor no». Me dan ganas de llorar al acordarme de cuánto me enterneció esa respuesta. Parecía un niño que no quería soltar su juguete. No era el Miguel de siempre, pero su inocencia no desaparecía.

Pensé que, por fin, podía estar contenta porque había pasado lo peor. Eso me tranquilizaba. También pensé que, si Miguel dormía, aunque no estuviera en el hospital, no se podía hacer daño ni nos podía hacer daño. Me intentaba convencer de que, por la mañana, estaría mejor, y así cada día hasta que todo quedara en un vago recuerdo. Esa noche vigilando se me hizo larga, pero nada comparable a las semanas anteriores, que fueron de puro miedo.

Cuando Miguel llegó a casa el 23 de mayo, era tarde. Debían de ser las once de la noche. Estaba casi dormida cuando oí el timbre de la puerta. Me asustó mucho porque ya no era hora de ninguna visita.

Salí de la habitación y, al llegar al recibidor, Miguel ya había pasado y había cerrado la puerta. Mamá y María tenían la misma cara de sorpresa que debía de tener yo.

Nos empezó a decir que el demonio le estaba persiguiendo y que no quería hacer nada de lo que le estaba pidiendo; que no nos quería hacer daño y que necesitaba un cura que le exorcizara.

Lo primero que pensé fue que había bebido, pero había algo que no cuadraba.

Sus gestos eran muy extraños, nunca le había visto así. Parecía que los ojos se le fueran a salir de las órbitas. Reparé en su mirada y vi mucha angustia. Desde ese momento, su miedo se me contagió y no dejé de tenerlo hasta muchos meses después. Aún ahora lo sigo teniendo cuando recuerdo ese momento.

Deseé con todas mis fuerzas poder hacer algo para quitarle toda esa preocupación.

—No te puedo mirar —me decía mientras me abrazaba enterrando su cabeza en mis hombros.

Tenía los ojos cerrados y lloraba.

—No te puedo mirar porque, si te miro, veo su cara y me da miedo.

Yo no entendía nada, pero tampoco quería ponerle peor. Le abracé y alcancé a decir que estaba ahí y que era yo, por si le servía de algo.

Un rato después de estar en silencio los dos, se separó de mí gritando que no iba a hacer lo que le decía, que no, que le dejara en paz, que se fuera. Todavía tenía los ojos cerrados. Me di cuenta de que estaba oyendo voces. De repente, abrió los ojos y se quedó mirando a Gori, nuestra perra, que había acudido a la puerta igual que nosotras tres al oír el timbre. Le lanzó una mirada dura y desafiante y le gritó: «¡¡¿Tú qué miras?!!». Me puse más nerviosa, porque no sabía cómo sería capaz de reaccionar si le hacía algo a Gori, pero tenía claro que no iba a permitir que eso pasara, de ninguna manera.

Me había convencido de que no nos iba a hacer nada a nosotras tres porque no paraba de repetirlo, pero Gori no entraba en el paquete y a eso se sumaba que ella era muy impredecible. Casi más que Miguel en aquel momento. Ladraba por todo y a todos, odiaba el mundo en general y a la gente que llegaba a casa tarde y hacía movimientos rápidos en particular. Le había tocado la lotería aquella noche. Pero hasta ella, que era carne de *El encantador de perros,* se dio cuenta de que aquello era grave y no emitió ningún sonido. Se limitó, igual de asustada que yo, a pasear cerca y a comprobar que todo estaba bien. No quería separarme de Miguel ni hacer nada que le pusiera peor, así que pasé mucha pena por la pobre Gori. Creo que, al cruzarnos las miradas, nos dijimos que ninguna de las dos estaba entendiendo nada de lo que estaba pasando.

Miguel se olvidó de ella rápido. Di gracias por eso, al menos, veinte veces seguidas. Empezó a tener un comportamiento igual de impredecible que el que solía tener Gori, pero alternado con ratos de calma y silencio. Contestaba a la voz que estaba oyendo, gritaba, cerraba los ojos, los abría, volvía a cerrarlos y se quedaba callado un rato. Así estuvo más de una hora.

Cuando vi que los ratos que pasaba callado eran cada vez más largos, pensé que se le pasaría pronto. De todas formas, estaba convencida de que teníamos que llamar a una ambulancia, pero no sabía cómo hacerlo sin que él se enterase. Cada vez que nos movíamos lo más mínimo, nos regañaba. Parecía que estábamos jugando al escondite inglés. Me sorprendía que captase nuestros movimientos teniendo los ojos cerrados, aunque fue lo que menos me sorprendió de todo lo que vi.

Según pasaba el tiempo, los momentos en los que estaba calmado duraban más y los de exaltación eran más efímeros, hasta que terminó tumbándose en el suelo con los ojos cerrados. Ya no nos agarraba a ninguna, así que esperamos un rato y, cuando empezó a respirar profunda y regularmente, aprovechamos para llamar a la ambulancia rápido. Solo pensaba en que un médico le viera y le curase lo más pronto posible y que así todo quedara en un simple susto.

Tardaron una eternidad en llegar. Para cuando aparecieron, Miguel se empezó a despertar. Estaba muy desorientado, pero parecía calmado. Decía que no se acordaba de nada. Era como ver a otra persona. Como si de verdad hubiera necesitado que le exorcizasen y lo hubieran conseguido. Ya no parecía poseído. Ojalá hubiera sido así.

Le contamos lo que había pasado y le dijimos que lo mejor sería que le viera un médico. Al principio no estaba muy convencido, decía que no le hacía falta. Señal inequívoca de que aún no estaba bien.

Le dijimos que nos quedábamos más tranquilas si le veía un médico y al final accedió a ir. Mi madre y yo le acompañamos en ambulancia. Fuimos al hospital de siempre, que es de la sanidad pública, aunque él tenía un seguro privado por ser militar; pero ni nos acordamos, no estábamos para pensar mucho.

Cuando llegamos al hospital, ya estaba más espabilado y de bastante mal humor. Tenía una mirada entre desafiante y desconfiada. Miraba a todas partes, a todo el mundo, muy rápido, todo el rato. Solo podía pensar en el día que iba a pasar con las cervicales. «Verás las agujetas de mañana», decía para mí. Parecía que estaba sospechando de todo y de todos. El rato que pasamos en la sala de espera antes de entrar a urgencias fue de lo más estresante. No se le podía dirigir la palabra, nos empezó a hablar mal a mi madre y a mí y a despotricar de todo ser humano que se cruzara con él. Después volvió a decir que necesitaba un cura, que solo quería un cura y ya está, que nadie más le iba a hacer nada ni a tocar. La pesadilla había vuelto.

Como era un lunes de madrugada, cuando por fin le pasaron a un box de urgencias, ¡sorpresa!, no había psiquiatras de guardia. Los lunes por la noche es festivo en salud mental, nadie necesita nada, es una suerte. Le dieron una pastilla para dormir porque no había nada más que hacer. Allí también nos dijeron que, al día siguiente, cuando fuera «laborable» de nuevo para las cabezas, al fin lo vería un especialista. Nos quedamos con él hasta que se durmió. Fue bastante rato, porque no estaba por la labor. Ahora estaba en la fase Sherlock Holmes, preguntando si le habíamos querido alguna vez, si nos molestaba algo de él y si queríamos aprovechar para decirle algo. Sí, que te duermas ya, por favor. También pasó por la fase Iker Jiménez. Nos contó que los demonios existen, que la película *Paranormal Activity* le había marcado mucho y que, desde que la había visto, unos demonios se le aparecían a menudo. Quise averiguar más sobre este último punto porque me preocupó, pero no dijo nada, no vendía la información a cualquier precio. Me cambiaba de tema. Recuerdo que se tiró un pedo y me dijo: «¿Ves? Es que esto yo antes no lo hacía delante de ti porque pensaba que te molestaba». «Joder, qué rara soy», pensé. Tengo pinta de que no me gusta comerme los pedos ajenos, así quién se me va a acercar.

—¿Te molesta? —me dijo.

—No, claro que no.

¿Qué le iba a decir en ese momento? Si el precio para que estuviera tranquilo y se durmiera era aguantar un pedo, me parecía muy barato. Si no se daba cuenta de que habíamos convivido durante veintitrés años, por lo que era imposible que fuera la primera vez que se tiraba un pedo delante de mí, yo no iba a sacar el tema. No sé en qué momento pensó que me molestaba porque nunca antes se había cortado un pelo. Me los teñía de rubio, más bien.

Después de resolver esa duda existencial, se tranquilizó. Literalmente, un pedo no le iba a dejar dormir, así que me alegré mucho de convencerle de que no me importaba que se tirase los que quisiera. Y en verdad era así, supongo que estas son las locuras que se hacen por amor.

Cuando por fin le vimos medio dormido, nos despedimos. Recuerdo darle un beso de buenas noches y sentir que se lo estaba dando de alguna manera a un extraño. Esa sensación no cambió desde ese día hasta que se murió, salvo una sola vez.

Miguel llevaba un tiempo raro, pero, como se acababa de independizar, tenía un trabajo en el Ejército que le dejaba dormir muy poco, se había comprado un coche y lidiaba con mil novedades más, pensé que solo estaba en periodo de adaptación a la vida adulta. Hasta varias semanas después no até cabos y me di cuenta de que eran señales de que algo no andaba bien. La culpa que sentí por verlo tan tarde no se la deseo a nadie.

Le dejamos dormido y nos fuimos a casa, agotadas y sin tener ni idea de que ese día no había sido nada para lo que se venía. Bueno, quizá lo intuía, porque esa noche no dormí. La primera de muchas.

Al día siguiente, fuimos al hospital temprano. Tanto mi madre como yo pensábamos que se quedaría ingresado o, por lo menos, en observación, por muy bien que estuviera en ese momento, hasta que supieran qué le había pasado. Cuando llegamos al hospital, Miguel estaba en la sala de espera con el informe de alta, después de que le hubiera valorado una psiquiatra. No parecía muy tranquilo y seguía con su petición, educada en ese momento, pero muy insistente, de que necesitaba un cura para que le sacara el demonio que tenía dentro. No soy médico, pero juraría que mi hermano no estaba como para salir de allí. Mi madre sí es médico y, casualmente, opinaba como yo.

No podíamos saber la opinión de Miguel porque estaba muy enfadado y no quería hablar con nadie. Con mi madre y conmigo intercambiaba algunas palabras, pero parecía que cobraba por cada sílaba. Tampoco estaba dispuesto a regalar la información entonces. Después de veintitrés años con él, sabía que cuando contestaba de manera borde no merecía la pena insistir, porque se le pasaba el enfado rápido. Bueno, esta vez fue la excepción a esa regla, pero, a pesar de su estado, su enfado con el trato que había recibido era totalmente coherente. Amenazó con que si no le traían al cura iba a empezar a poner orden en todas partes. Sus intenciones sonaban a muchas cosas, pero no a orden. No me le imaginaba dirigiendo un debate solemne por turnos de palabra sobre la crisis climática actual en aquella sala de espera.

Se iba alterando cada vez más, porque no llegaba el cura y porque era consciente de que le pasaba algo y decía que allí no le querían ayudar. Nos dijo que la psiquiatra le había dicho que no le pasaba nada y que se fuera a trabajar. A trabajar. A la base militar. Con su arma reglamentaria. Con todas las armas de una base militar. A echar un martes tranquilo.

Pedimos ver a la psiquiatra que le había atendido para que le volviera a ver, creyendo que esta vez haría algo. Paciencia, por supuesto, nos dijeron que la psiquiatra vendría cuando considerase, que ya le había valorado y que le había dado el alta. Nos hicieron sentir que estábamos siendo pesadas y que molestábamos. Aun así, nos sentamos a esperar, mi madre y yo, porque Miguel ya no era capaz ni de sentarse, mucho menos de estar tranquilo. Recuerdo estar con él en el mismo espacio, parpadear y verle corriendo hacia la salida del hospital como alma que lleva el diablo, nunca mejor dicho.

Salí corriendo detrás de él para intentar convencerle de que esperara a que la psiquiatra le ayudara, aunque yo misma tampoco me lo creyera, pero me fue imposible acercarme a él. Miguel era un tío de un metro ochenta, militar, que corría a diario, y con una espalda más ancha que muchos pisos de Malasaña..., olvídate. Aunque yo estaba a tope de adrenalina, no tenía ni la mitad de la descarga que debía de tener él. Le vi corriendo por la calle y me recordó a una gacela. Hacía unos movimientos muy primarios pero muy útiles para su objetivo, era como una obra de arte animalística. Casi podía oír a Félix Rodríguez de la Fuente narrar esa carrera. Y vaya carrera. Corría tan rápido que me dio mucha pena que no hubiera ningún juez de los récords Guinness por allí cerca. Estaba empeñada en que el nombre de mi hermano figurara en algún libro. Pero ya me puedo quedar tranquila.

Le seguí varias calles, pero le acabé perdiendo a lo lejos. Cruzaba los semáforos sin mirar. En ese momento se me partió el corazón porque pensé que le iban a atropellar y solo pedía que no fuera nada grave.

En ese momento de desesperación también se me cruzó el pensamiento de que, si era un atropello leve, eso le obligaría a volver al hospital y que, por fin, le podría valorar otro psiquiatra; con suerte uno que estuviera a favor de salvar la vida a la gente. En mi cabeza, con ese plan todo acabaría bien. Tenía tanto miedo que no me sentí culpable por pensar eso. De hecho, me pareció una solución con la que ganábamos todos, porque una estancia en el hospital también le obligaría a parar y a descansar unos días, que era lo segundo que más necesitaba después de un profesional de la salud mental competente.

Tras perderle de vista, y darme por vencida en mi deseo de alcanzarle, emprendí el camino de vuelta porque caí en la cuenta de que mi madre seguía en la sala de espera. Bueno, eso creía. Volví sobre mis pasos pidiendo que ella no hubiera huido también. La cabeza no paraba de darme vueltas pensando qué hacer por Miguel, cómo ayudarle. Lo único que se me ocurrió fue llamar a la Policía. Le conté al agente que me atendió lo que pasaba y el estado en el que Miguel estaba, para que me ayudara a convencerle, no sé de qué manera, de que volviera al hospital. El policía me dijo que nos avisarían si le veían, pero sonaba tan poco creíble como lo que era: una promesa de un extraño.

Por suerte, Serafina seguía donde la dejé, con una paciencia como solo una madre puede tener y un estado inalterable que solo se puede alcanzar después de criar a tres niños seguidos. Ahí me di cuenta de que era imperturbable, se había pasado el juego de la vida. Me dijo que seguía esperando a que viniera la psiquiatra y supe que ese era su plan para el resto del día. No se iba a mover hasta que esa mujer apareciera. Si algo es mi madre, además de la mejor madre del mundo, es obstinada. En eso he salido a ella, aunque me gusta más decir que soy capricornio. Suena mejor que asumir el carácter hereditario de la terquedad. Aunque con el tamaño de mi cráneo puedo decir que soy cabezona y no queda claro a qué me refiero.

Pasó un buen rato y varias rondas de preguntar lo mismo en recepción hasta que la psiquiatra nos honró con su presencia. Ella también estaba de mal humor; por un momento creí que se estaba celebrando el Día Internacional del Cabreo y yo no lo sabía. Nos dijo que no tenía tiempo, que ya había hecho un informe de alta y que en él estaba todo. En el informe ponía que le dieron una pastilla para dormir y que por la mañana no se observaba nada. Le explicamos la situación, lo del cura, lo del demonio, lo del día anterior, lo de que saliera huyendo del hospital, y su respuesta fue no torcer el gesto. Se limitó a decir que ella lo había valorado ya y que estaba para irse a trabajar.

Todos sabemos que la violencia no es el camino, pero, ya que estoy siendo sincera, confesaré que en ese momento deseé que esa señora acompañara a Miguel al trabajo y le entregara ella misma su arma reglamentaria. Un nanosegundo me duró ese pensamiento; después, solo quise pegarle una bofetada con toda la mano abierta. Este último deseo me persigue hasta el día de hoy.

Nada. No iba a hacer nada. Definitivamente era el Día Internacional del Cabreo, lo estaba notando en mi propio cuerpo. Para terminar de arreglar su magnífica actuación, aquella brillante doctora nos dijo que, además, no teníamos que haber acudido a ese hospital porque él tenía un seguro privado, y que, si considerábamos que le pasaba algo, teníamos que haber ido al centro que le correspondiera por su seguro. Mi madre y yo éramos conscientes de la gravedad de la situación, no como la doctora *honoris causa,* y de la necesidad de que apareciera Miguel sano y salvo, así que, después de hablarle un poco mal, poco para lo que se merecía, y de preguntarle dónde había estudiado Medicina, si en la escuela de payasos, nos dimos media vuelta y nos fuimos con toda la frustración del mundo. También debía de ser el Día Internacional de la Impotencia. En general, no solo de la masculina.

Al llegar a casa, Miguel estaba allí, sano y salvo, con María. Menos mal, qué alivio. Estaban hablando, ella lo estaba intentando calmar. Nos dijo que, como comprobó que nadie le iba a ayudar en el hospital, había decidido irse a casa.

Me agarró la pena el corazón. No entendía cómo podía permitirse que una persona estuviera claramente sufriendo y necesitada de una ayuda que estaba pidiendo y que no se le diera. ¿Y cómo puede ser que eso pase cada segundo en este planeta? Qué tristeza vivir en un mundo así.

Le pregunté cómo había llegado tan rápido. Me dijo que, en algún momento, mientras corría, vio un taxi y se subió. Me parecía bastante de película, solo que esta vez, en vez de subirse y decirle al taxista que siguiera al coche de delante, le habría podido seguir a él perfectamente mientras corría. Aunque no creo que le hubiera alcanzado.

Tenía muchas preguntas que hacerle, pero no era el momento. Necesitaba que un psiquiatra le viera cuanto antes. Cada vez corría más prisa, y eso que llevaba siendo urgente desde la noche anterior. Seguía diciendo cosas raras... cuando hablaba, porque estaba muy callado. Desconfiaba de todos, decía que le querían hacer daño y que siempre habían querido, que si iba a la base le iban a hacer algo, pero tenía que ir porque tenía que enfrentarse a ello... Después no quería ir, luego sí, y, en esas, empezó a buscar las llaves del coche. Fue un milagro que María se las hubiera cogido la noche anterior, antes de que se subiera a la ambulancia, y las hubiera guardado, porque, si no, probablemente habría aparecido en ese estado en su trabajo y quién sabe lo que hubiera pasado. Como no encontraba las llaves, se enfadó más. Estaba claro que seguía con el brote. No hacía falta haber estudiado una ingeniería para sumar dos más dos. Dos eran las paranoias y el comportamiento desorganizado, las otras dos, que oía voces y que creía que tenía el demonio dentro. Pleno en síntomas. Con todo, intentamos hacerle entender que necesitaba ir al médico, pero sin decirle lo que le estaba pasando, porque él no lo veía, estaba en otra realidad. Si algo no hay que hacer cuando alguien tiene un brote psicótico es decirle que está teniendo un brote. Es como cuando una persona es gilipollas, no se lo puedes decir directamente porque no lo va a aceptar.

Ocurrió otro milagro más entonces. El cuarto, después de que llegara a casa conduciendo en ese estado la noche anterior, volviera sano y salvo del hospital esa mañana y no tuviera las llaves del coche a su alcance en ese momento. Ahora quería intentar ir a otro hospital. En realidad, esto no fue tanto un milagro como que confiaba plenamente en nosotras, aun estando así. Llamé a su seguro, al que me referiré como «Negocio», para no dar nombres y también para ser más exacta, que para algo estudié Periodismo. Tengo que ser fiel a la verdad. Pregunté por un hospital psiquiátrico al que llevarle y me dieron una única opción. Me pareció raro e insistí en que me dijeran alguno más para poder comparar y llevarle al mejor. No, rotundamente no. Vaya, es uno de los Negocios de salud más conocidos a nivel nacional y solo trabaja con un hospital psiquiátrico. Qué raro. Después, cuando ya era demasiado tarde, me enteré de que ese Negocio trabajaba no con un hospital más, sino con dos, pero eran muy conocidos y, por lo tanto, más caros. Estábamos ante un Negocio rotundo al que solo le importa el dinero.

Como no había donde elegir, no elegimos. Fuimos mamá, Miguel y yo en el coche familiar, que era un Toyota Land Cruiser del 2000, con nueve plazas, de excursión. Ese coche molaba mucho, llevarlo por Madrid centro, no tanto. Cuando me acababa de sacar el carnet, me pareció buena idea llevarlo a un centro comercial. Recuerdo bajar del coche llorando, negándome a seguir conduciendo y sin que me importara haberlo dejado en mitad del aparcamiento, interrumpiendo el paso. Me veía incapaz de mover ese monstruo. Menos mal que estaba María y lo aparcó ella. Me disculparé diciendo que no era fácil aparcar un coche de cinco metros de largo. El tamaño sí importa.

María y Miguel me ayudaron a quitarme el miedo al coche, pasándolo ellos al ir conmigo hasta que cogí confianza. Les estoy muy agradecida por eso. Son las cosas buenas de tener hermanos. Eso y heredar ropa de Dragon Ball. Y poder culparles de todo para librarte de cualquier bronca. Si se mueren de repente, es una putada. Ya no les puedes echar la culpa.

Mientras íbamos de camino al hospital, el miedo a conducir el todoterreno era lo último en lo que reparé. Cuando vi que el comportamiento extraño y las paranoias de Miguel habían aumentado, me asaltó un pensamiento intrusivo que me dio mucha ansiedad: ¿y si perdía el control y nos hacía algo? Por mucho que confiara en nosotras, si pensaba que todo el mundo le quería hacer daño nos podía terminar metiendo en el saco. Aunque hubiera querido ir al hospital hacía quince minutos, no las tenía todas conmigo y me asustaban sus actos, cada vez más impredecibles.

Mi madre siempre me ha dicho que en ningún momento le preocupó que nos hiciera nada, porque ella sabía todo lo que nos quería y que, por eso, era incapaz de dañarnos. Yo también sabía, sin duda, que así era, pero cuando estaba en sus cabales. En el momento en el que una persona tiene un brote psicótico, no me fío ni cuando duerme. Por eso, tres semanas después me quedé despierta toda la noche en la puerta de su cuarto. Es cierto que nunca sabremos si se tiró por la ventana para protegernos, porque las voces le decían que nos hiciera daño y él no quería, si quería escapar de lo que le pasaba, o si, simplemente, no sabía lo que hacía, que es lo más probable. Las tres pensamos que no era consciente de sus actos, porque, aun estando así, conociéndole, no lo hubiera hecho, habría buscado otra alternativa. Acabó con su vida sin darse cuenta. Nunca supo que estaba en este mundo y que, un segundo después, ya no volvería a estar más en él. Debe de ser ultrarraro morirte y no darte cuenta de que te has muerto. Sientes una libertad total, pero no sabes a qué se debe. Al menos cuando estás vivo sabes que es porque por fin se te ha ido la resaca.

Dejamos el coche en el aparcamiento del hospital y entramos. Le contamos a la recepcionista brevemente la historia y nos dijo que nos atenderían pronto. Esperamos y esperamos. A esas alturas, ya me daba cuenta de que el hilo conductor de este relato era la paciencia, la que Miguel no pudo tener desde el 23 de mayo al 16 de junio ni un solo día. Parece una lección muy fácil, pero te puede costar la vida no aprenderla.

Por fin nos tocaba, pero solo podía pasar él. Pensé que era lógico. Lo que no entendí nunca es que solo le escucharan a él y no nos preguntaran a nosotras, que no teníamos un brote psicótico y que le conocíamos perfectamente. Mi confianza en ese sitio no estaba aumentando.

No podíamos hacer nada, así que esperamos fuera. Quisimos aprovechar para dar una vuelta por el jardín que tenía el hospital, hasta que vimos que era mejor no molestar a los pacientes que había por allí. Decidimos quedarnos quietas en un rincón, mirando por la ventana. Estábamos muy integradas, como el agua y el aceite.

A los pocos minutos, Miguel salió de la consulta hecho un basilisco. Le oímos gritar, así que nos acercamos a donde estaba. Volvía a parecer un animal, pero esta vez ya no era una gacela, era un gorila de espalda plateada. En su caso, morena, porque se quedó toda la melanina que no me tocó a mí. Estaba en el centro del recibidor, el psiquiatra y un par de celadores le rodeaban. La recepcionista se agarraba la muñeca. Él estaba sin camiseta y gritaba muy fuerte. Pensé que se iba a quedar afónico, pero ese y el de las cervicales eran problemas del primer mundo comparados con todos los que iban apareciendo. Decía cosas como «No me vais a encerrar, no lo vais a conseguir», y otras tantas que no alcancé a entender. En un momento nos miró y nos hizo el gesto de cortar el cuello. Lo que me temía: acabábamos de entrar en la lista de enemigos, junto con el resto del mundo entero.

En un segundo, el gorila de espalda morena recordó que también era una gacela, y se fue todo lo rápido que pudo. Allí nos quedamos, en el segundo hospital del día, abandonadas por el corredor más veloz del grupo. Le preguntamos al médico qué había pasado. Nos dijo que, después de ver cómo estaba, le había ofrecido internarse, porque era evidente que tenía un brote.

Ante esta propuesta, Miguel reaccionó quitándose la camiseta, enrollándosela en la mano izquierda, sacándose el cinturón y poniéndose en posición de pelea. El médico estaba muy sorprendido por lo que acababa de ver. Nos preguntó si Miguel era «profesional de la lucha». Señor, es militar, no les enseñan a jugar con plastilina. Por eso, y aunque estaba estupefacto, el médico no parecía tonto y resultó no serlo, porque, ante esta respuesta indecente de Miguel, le dejó salir amablemente de la consulta para que se fuera sin hacerle nada.

Cuando salió, forcejeó con la recepcionista por algo relacionado con el teléfono. Parece ser que se le cruzó el cable porque ella, después de haber oído sus gritos o de haber visto su estampa, probablemente estaría llamando a alguien. Por eso ahora se agarraba la muñeca a la vez que nos miraba con mucho odio. Señora, lo siento muchísimo, pero, aunque le cueste creerlo, esto no es un plan trazado por mi madre y por mí.

Lo que más me sorprendió de aquella situación es que nadie acudiera para calmarle. Le pregunté al médico por qué le habían dejado irse y no le internaban, ya que estaba claro que lo necesitaba, a lo que me respondió que los pacientes solo se pueden internar voluntariamente o si los trae la Policía. Ah, la Policía, es verdad, me lo prometió. A esas alturas, ya había perdido la esperanza de que nos ayudara.

Otro factor importante para que nadie hiciera nada es que apenas había celadores en el hospital y, por supuesto, ninguna figura que se asemejara a alguien de seguridad. Además, Miguel le sacaba por lo menos una cabeza a todo ser humano presente. Entiendo que no es atractivo enfrentarse a una persona que, literalmente, te hace sombra. Lo que no entiendo es que un hospital psiquiátrico tenga la seguridad de un jardín de infancia.

Las condiciones del centro parecían de juguete. El parque de aventuras de la sanidad madrileña en el que estábamos montados tenía atracciones cada vez más peligrosas. Me costaba creer que estuviéramos en un sitio, por segunda vez en el día, donde se supone que salvan vidas.

Nos tocó volver a casa sin Miguel otra vez, pero en ese momento con un miedo que no había sentido nunca. Alguna vez he temido por mi vida, supongo que como todos, pero nunca he llegado a pensar que realmente me podían matar. Nunca lo he visto como una opción factible. Hasta ese día. Pensaba que Miguel podía estar escondido en cualquier lugar del aparcamiento esperándonos. Creo que en ese momento podría haber corrido a la misma velocidad que él. Mi madre, sin embargo, seguía tan tranquila, solo estaba preocupada por él. ¿Qué tiene que haber visto una madre para que no le asuste eso? Un parto, claro. A veces me dan ganas de parir solo para que nada me perturbe.

En el camino, María llamó a mi madre y le dijo que Miguel estaba en la puerta, dando golpes y gritos, diciendo que le dejara entrar. Estaba muy violento y ella, sola en casa, así que no le había abierto. Le dijimos que esperara a que llegáramos, porque, a esas alturas, Miguel ya no atendía a razones y su estado no era como para invitarle a pasar y servirle un té. Definitivamente, su intención no era liderar ningún debate solemne.

Estaba contenta y triste al mismo tiempo porque Miguel hubiera vuelto a casa, otra vez. Contenta porque volviera sano y salvo y porque, aun en ese estado, él era consciente de que nosotras daríamos lo que fuera por ayudarle, y por eso iba a buscarnos. Pero también me ponía muy triste pensar que él creía que le queríamos encerrar en algún sitio para siempre. Sabía que debía de estar sufriendo mucho y con más miedo aún que yo.

El hospital no está lejos de mi casa, pero el estado de Miguel era tal que, cuando llegamos, ya no estaba ahí. María estaba muy alterada. Cuando conseguimos calmarla un poco, nos dijo que la situación no era manejable de ninguna manera. Me lo podía imaginar, después de la escena de la recepción. Ella también debía de haber sentido mucho miedo. Me sentí muy culpable de que hubiera pasado ese rato sola. No le había dejado entrar en casa, menos mal. Algún vecino había oído los gritos y los golpes que estaba dando, y había llamado a la Policía.

Llegaron cinco policías y le pidieron que bajara al portal para hablar con él en la calle. Pocas palabras debieron de cruzar. Tres de ellos intentaron reducirle, pero no pudieron. Lo tuvieron que hacer entre todos. Cinco policías para una persona solo es una buena noticia en una despedida de soltera.

Las veces que mi madre ha repetido que es una pena que se fuera un chico tan joven, guapo y bueno se quedan cortas. Sus buenas cualidades físicas eran un don maravilloso, pero mucho menos importante que su bondad, generosidad, inocencia, ternura, empatía y gracia natural. Era millones de veces más admirable por dentro que por fuera, por suerte. Me parece una paradoja muy grande que alguien que ayudaba a todo el que podía no recibiera ni una mínima parte de vuelta de lo que hacía. A veces pienso que era demasiado bueno para este mundo y que por eso no se pudo quedar en él.

Me toca hacer fe de erratas y tragarme mis palabras, porque, al final, el policía con el que había hablado por teléfono sí cumplió su promesa. A ver, evidentemente no era él ni conocía a ninguno de los que vinieron, pero me hace ilusión pensar que uno de los cinco era el que me dijo que me avisaría cuando le vieran y que haría algo para que Miguel estuviera bien. Después de reducirle, llamaron a una ambulancia para que un médico le pusiera algún tranquilizante, supongo que ketamina, como poco, y le llevaran al hospital.

Cuando María me contó todo esto, pensé que por fin estaba a salvo en un sitio donde le iban a cuidar hasta que se pusiera bien y me invadió una sensación enorme de paz. Todo se iba a solucionar, por fin esta pesadilla se iba a acabar. Aún seguíamos sin tener ni idea de que ese día tampoco había sido nada para lo que se venía.

Hay muchas cosas que pasaron y que jamás se me van a olvidar, pero lo que me contó Miguel una semana después, cuando volví a hablar con él, lo tengo grabado a fuego. Me dijo que, cuando estaba en el suelo, inmovilizado por los policías, y el médico le pinchó, vio cómo mi abuelo Alfonso, que fue un padre para nosotros y que murió en 2013, precisamente cuando Miguel estaba con él, le cogía de la mano y le acompañaba en la ambulancia. A pesar del brote tan fuerte que tenía, estoy segura de que eso no fue una alucinación.

3—
VEINTIÚN DÍAS

PASAMOS UNA SEMANA SIN VER A MIGUEL. Estuvo por lo menos cinco días dormido y atado. Después nos contaron que movía la cama de un extremo al otro de la habitación, en los pequeños ratos en los que estaba despierto. No debería haberlo estado, pero los efectos de la medicación no le duraban tanto como pensaban. La metabolizaba muy rápido. Otro récord Guinness perdido.

Un psiquiatra nos lo contó alucinando. Nos dijo que fue a verle y que, al rato, cuando volvió, la cama estaba en la otra punta de la habitación. Por un momento pensé que tenía superpoderes, pero no le encontré mucho sentido porque en ese caso se habría desatado. Supongo que es tan aburrido estar así todo el día que te inventas carreras tú solo, salvo que te guste el BDSM o que tu pareja te controle; entonces, estar atado debe de ser el mejor momento de tu vida.

Cada vez que pienso en lo duros que debieron ser esos días para él, sobre todo cuando se despertaba y aún no podía vernos, se me revuelve todo por dentro.

María, mamá y yo íbamos todos los días al hospital para hablar con los médicos, aunque no nos dejaran visitar a Miguel. El psiquiatra que le valoró la primera vez, el que le dejó irse amablemente cuando vio que estaba dispuesto a repartir galletas sin cobrar el envío, habló bastante con él esos días. Me dijo que le había contado que estaba muy orgulloso de nosotras. Le narró nuestra vida y obra. De mí le dijo que estaba terminando dos carreras a la vez, como si hubiera conseguido llegar a la luna yo sola, y que tenía muchas ganas de ir a mi graduación en la universidad, que era en pocas semanas. Creo que es algo presuntuoso llamar a Periodismo y Comunicación Audiovisual «carreras». Se notaba que no estaba en sus cabales.

Miguel siempre estuvo muy orgulloso de nosotras, le hablaba a todo el mundo de todo lo que hacíamos, presumía de ello. Nos quería de forma completamente ciega, pese a que yo hubiera estudiado Periodismo. Eso es amor. Y eso que, antes que venir a mi graduación, prefirió tirarse por la ventana. Pero no puedo culparle, yo también lo habría hecho. Al menos su muerte me dio una excusa para no ir.

La primera vez que le vimos, como una semana después de que ingresara, estaba atado a la cama. Es un recuerdo feliz, a pesar de ser una imagen tan dura; sobre todo, después de haber pensado tantas veces que podía haberle pasado algo peor. Creía firmemente que era cuestión de días que se acabara todo el sufrimiento.

Tengo grabada su cara de felicidad cuando entramos en la habitación. Nos había estado esperando días; tendría muchas más ganas de vernos él a nosotras de las que nosotras teníamos de verle a él, si es que eso era posible.

Ese día nos contó lo que le pasó y cómo lo vivió. Me quedé impresionada al escucharle. Aún le doy vueltas a lo que me imagino que es estar así, porque jamás me ha pasado nada parecido, y me acongoja.

Después de contarnos todo, se quedó callado y pensativo. Y entonces fue cuando nos dijo que, estando en el suelo, reducido por la Policía, mientras el médico le pinchaba el tranquilizante, vio al abuelo dándole la mano y yendo con él en la ambulancia.

—Iba con su sombrero y su bastón, como siempre —terminó.

Había sido él, sin duda.

Me pareció tierno y bonito, pero en ese momento no me paré a juzgar si era cierto o no. Ahora lo pienso y estoy convencida de que fue real.

Por aquel entonces aún no sabían a qué se debió ese brote tan fuerte. Podía ser una mezcla de los antecedentes que hay en la familia de mi padre, junto con el estrés que estaba pasando en el trabajo y la falta de sueño, pero también podía tener otro origen. De momento, el diagnóstico era «desconocido».

Los primeros días que le vimos no le dejaban estar sin atar. Él estaba totalmente en contra porque pensaba que ya se encontraba bien. Recuerdo a mi madre explicándole por qué debía seguir así, con lo que él se resignaba y dejaba de protestar un rato. En esa época, hizo todo lo que mi madre le dijo sin crear conflicto. Era una excelente noticia que escuchara una sola voz que, además, quería su bien.

La primera vez que le vimos desatado estaba sentado en el sillón de su cuarto, diciéndoles amablemente a dos celadores que no pensaba meterse en la cama para que le ataran. Ellos insistían en que el rato de estar así ya había pasado. Justo llegamos en ese momento, y nos quedamos fuera del cuarto porque no podíamos verle sin que estuviera sujeto. Pero Miguel se puso contento de vernos y nos invitó a pasar. Los celadores nos instaron a no hacerlo aún. Él estaba como en casa, así que siguió invitándonos a pasar, porque decía que era su cuarto y que él lo había decidido así, algo totalmente cabal. La situación se puso un poco tensa porque, aunque no fuera capricornio como yo, era igual de cabezón. No se pensaba mover del sillón. Entonces, mi madre le dijo que tenía que estar amarrado para que así pudiéramos pasar y verle, y que era lo mejor para todos. Palabras mágicas. Dudó un poco, pero se terminó metiendo en la cama y así pudimos estar un rato con él.

Imagino que debía de estar totalmente aburrido, porque no le dejaban salir del cuarto aún, y era muy poco el tiempo el que pasaba fuera de la cama. Estuvo varios días así, aunque tampoco parecía tener energía para mucho más. Supongo que por toda la medicación que estaba tomando. Aun así, entiendo que soportar esas condiciones debe de ser tedioso, sobre todo estar atado, y digo esto teniendo en cuenta que lo que más adoro en el mundo es dormir con la sábana enrollada sin poder moverme. Mi día perfecto empieza después de dormir doce horas. Trece, si estoy cansada.

Mamá, María y yo seguimos yendo a diario y nos quedábamos con Miguel todo el rato que nos dejaban durante las visitas.

Casi todos los días hacía tarta de queso y se la llevaba, porque le encantaba. La guardaba en el cajón de la mesita de noche, porque, si la veían las enfermeras o los de la limpieza, se la confiscaban. Una vez la encontraron y, cuando se dieron cuenta de lo importante que era para él, le dejaron tenerla e incluso le apuntaron el número de su habitación en el táper por si se perdía. Aún lo conservo. Cuando lo veo se me encoge el corazón, como cada vez que hago tarta de queso.

Me acuerdo de ver cómo se la comía. Pensé que no corría ningún riesgo de echarse a perder porque, según se la daba, se la terminaba, fuese la hora que fuese. El éxito en la vida es que te miren como Miguel miraba a la tarta de queso.

Cuando estábamos con él, nos pedía que le pusiéramos música. Recuerdo verle atado a la cama muy ilusionado al poder escuchar sus peticiones musicales. Nunca he estado tan cerca de cumplir mi sueño de ser DJ, pero me parecía un trabajo demasiado fácil porque casi siempre quería escuchar *May It Be,* de Enya. Decía que esa canción le daba esperanza y le calmaba después de haber estado en la oscuridad. Lloraba mucho cuando la escuchaba, pero no quería dejar de hacerlo. Si yo la paraba porque le veía muy mal, me pedía que la volviera a poner. Era como una terapia para él. Estaba ahí, con nosotras, después de haber estado en el infierno. Verle llorar así, sin esconderse, libre y vulnerable también fue una terapia para mí. Hacía años que no le veía de esa manera y estaba segura de que no era porque hubiera dejado de llorar.

Lo de no querer volver a la oscuridad se me quedó grabado a fuego, porque pude sentir su dolor. Lo que no presentí es que yo iba a vivir esa misma oscuridad en muy poco tiempo. Ahora sé perfectamente que, cuando has bajado hasta el inframundo, no quieres volver allí jamás. Hades nunca ha sido una buena compañía, pero a veces te atrapa tan fuerte que te quedas completamente a su merced.

El poder de la música es increíble. Me parece lo más similar a la magia que he visto muchas veces. Tengo el recuerdo nítido de estar en la habitación de Miguel en silencio y que me pidiera que pusiera *Cuéntame,* de Fórmula v. Cuando la empezó a escuchar, sonrió y cantó alegremente. Nosotras nos unimos de la misma manera. Parecía que no había pasado nada. Allí estábamos los cuatro, juntos y contentos, sin saber que estábamos elaborando el último recuerdo de familia feliz de nuestras vidas.

Los primeros días en que no tenía que estar atado y pudo salir un poco de la habitación mejoró mucho su estado de ánimo. Un día le avisaron de que estábamos allí, porque había salido a dar una vuelta por el hospital. Me acuerdo de que, cuando llegó al cuarto, estaba muy contento. Nos dijo que había estado consolando a un paciente, él le llamaba «compañero», al que se le había muerto la madre.

—Yo le he dicho: «Mira, que se muera tu madre es lo más duro que hay en la vida, pero Dios no nos manda nada que no podamos superar» —dijo sonriendo, a la vez que miraba a mi madre, presumiendo de su hazaña filantrópica y dándole a entender cuánto la quería.

Esa frase también se me quedó grabada. Ahora me parece muy sarcástico cómo un hijo le dijo dos semanas antes de morir a una madre que su muerte sería lo más duro que le iba a pasar en la vida. Me parece hasta de mal gusto que terminara siendo tan al revés.

He encontrado los límites del humor.

Los ha traspasado la vida misma.

Todavía puedo ver a Miguel moviendo el dedo índice mientras dice: «Dios no nos manda nada que no podamos superar». Me ha retumbado tantas veces esa frase en la cabeza estos últimos siete años... Ha sido un pensamiento en bucle. Paradójicamente, a mí jamás me ha animado; al revés, me ha hecho llorar desconsoladamente cada vez que lo he recordado porque me parecía demasiado lo que me había tocado aquella frase.

Me alegré mucho de que Miguel consolara a su «compañero» y de que estuviera tan orgulloso de haberlo hecho. Nos dijo que se dieron un abrazo y que este había dejado de llorar, así que dio su trabajo por terminado y pudo venir a vernos. Hasta con su salud mental pendiendo de un hilo seguía siendo una de las mejores personas que he conocido nunca. Qué demonios, ahora que está muerto, diré que era la mejor. Es lo que toca, ¿no? Decir que siempre se van los mejores, aunque la mayoría de las veces no sean ni buenos.

Recuerdo otro día que estábamos solos él y yo en su habitación. Nos sentamos en la cama, en silencio, y al poco tiempo nos reímos porque ninguno decía nada. Era una risa nerviosa, por ser una situación nueva para ambos, a la que nunca nos habíamos enfrentado solos, pero también una risa de complicidad, de la mayor complicidad que he tenido con alguien.

Al final empezó a hablar él porque, aun estando así, tenía más habilidades sociales que yo. Me preguntó cómo estaba y le dije que bien, pero que lo había pasado muy mal. Le confesé que había tenido mucho miedo, como nunca, y que pensaba que podía haberle pasado algo horrible hasta que ingresó en el hospital. En cuanto lo terminé de decir, me sentí fatal y me arrepentí de haberlo hecho.

Conociendo a Miguel, supe la culpa que le hice sentir, y esa era mi última intención. La única que tenía diciéndole eso era: «Te quiero muchísimo» y «No quiero que te pase nada». Nunca se me ha dado muy bien comunicar lo que siento. Estoy trabajando en ello, como Aznar.

Me parece una enajenación que su culpa me haga sentir culpable. Es una rueda enorme de pecado que no termina nunca.

En ese instante, se me hizo en el estómago un nudo que me vuelve cada vez que pienso en aquel momento. Se sentía muy culpable por todo lo que había pasado, y, por más que le dijimos que no era así, no se lo sacamos de la cabeza. Tampoco quería hablar mucho del tema. Así es como te quiere la culpa, en silencio.

Me prometió que jamás habría hecho nada contra nosotras y le dije que le creía: estaba allí el 23 de mayo cuando no paraba de repetir que no nos quería hacer nada. El 24 de mayo sí pensé que nos podía hacer algo, pero, para entonces, y con los niveles de adrenalina más bajos, sabía que era poco probable. Estaba segura de que atentaría contra él antes que hacernos daño.

Le dije que me había preocupado mucho que tuviera un accidente o que él mismo se hiciera daño. Me juró que nunca haría eso. Había verdad en sus palabras. Por eso, y por otras tantas razones, sé que saltó por la ventana sin ser consciente de que se estaba yendo para siempre.

Después de esa conversación intensa, nos volvimos a quedar callados unos minutos. Siempre que me acuerdo de lo que dijo a continuación me río. Estábamos sentados en su cama los dos, mirando al suelo.

—Bueno, ¿qué? ¿Tú eres virgen?

No sabía dónde meterme. Miguel fue siempre mi confidente, nos contábamos todo sin pudor, pero, de pronto, en el contexto del hospital, de verle así, de ser la última pregunta del mundo que me esperaba, me puse tan roja como si estuviera hablando delante de miles de personas.

Empecé a balbucear y se rio. Me aclaró que preguntar si eres virgen se refiere a si llevas más de seis meses sin tener sexo. La jerga de la calle, que no es mi fuerte. Disculpa, *bro*.

Eso quitó un poco de hierro al asunto. Me reí y le dije que, si eso era ser virgen, iba a serlo toda la vida. Se conformó con esa respuesta, creo que no tenía especial interés en el tema. Me preguntó algo tan personal como el que plantea si hace frío en la calle, por hablar de algo y sin darle importancia. Aunque su intención fuera buena, quedó como algo inapropiado en el momento menos oportuno. En eso nos parecemos.

Suspiré relajada y pudimos pasar al momento de la tarta de queso, antes de que le trajeran su menú. Le dije que le iba a quitar el hambre y él, sin quitar la mirada de la tarta, me contestó: «Qué más da. No voy a comer lo que me traigan porque, aunque no sé lo que es, seguro que es una mierda».

La pinta de la comida no ayudaba a intentar convencerle de lo contrario, así que no se lo discutí en absoluto. En general, intenté no rebatirle nada esos días. Le dejé ese trabajo a mi madre.

Pero ni siquiera ella lo hizo al siguiente día cuando fuimos todas a visitarle. Estaba todo bien, fuimos a dar una vuelta por el jardín y a coger un refresco de la máquina. De pronto, cambió por completo su humor y volvió a poner la mirada del 24 de mayo. Yo me puse muy nerviosa porque fue un *flashback* a aquel día. Volvía a estar en el recibidor del hospital diciendo cosas de forma pasivo-agresiva. La situación tenía muy mala pinta. Estaba bastante enfadado y terminó diciéndonos que nos fuéramos de allí las tres, que no quería que estuviéramos. No entendíamos nada, pero ya teníamos suficiente experiencia cuando se ponía así, por lo que le hicimos caso. Estando en el hospital ingresado no podía salir, lo había dictaminado un juez, así que, al menos por esa parte, podíamos estar tranquilas.

Ese día había ido también mi padre, pero a él no le dio permiso para irse. Le esperamos fuera; supusimos que tardaría poco en cambiar de parecer y terminaría por echarle a él también. No nos equivocamos. Al rato, mi padre salió. Nos dijo que Miguel le había cogido el teléfono y había llamado a la Guardia Civil para decirle que le tenían secuestrado. ¡Qué alegría! Después de una semana dormido seguía teniendo el brote. Los médicos y las enfermeras le convencieron de que no pasaba nada y de que se fuera a su habitación. Más tarde, le dieron medicación para que se pudiera calmar y se durmió. Otro balón que rozaba el palo y se iba fuera, por suerte.

Volvimos por la tarde para hablar con su médico. Después de tantos días allí, por fin tenía uno fijo asignado. Queríamos que nos contara cómo estaba después de aquello. No he visto en la vida hombre más despreocupado por una persona que piensa que está secuestrada. Le dijimos que estábamos intranquilas por lo que le había pasado y nos contestó: «Si pasa eso, os vais de aquí tranquilamente y se acabó. No tiene importancia». Su parsimonia contrastaba más con la situación que los estampados de Desigual. Parecía que él sí estaba hablando del tiempo de verdad. «¿Sigue teniendo un brote psicótico? Ah, bueno, no pasa nada, NO TIENE IMPORTANCIA».

No nos explicó nada más. Se me hizo rarísima esa respuesta y también su actitud, como si de verdad no pasara nada, pero quise pensar que ese hombre tendría mucha experiencia y sabría lo que hacía.

Durante los siguientes días, Miguel fue mejorando, pero tenía picos y, cada poco, le volvía el brote, como cuando llamó a la Guardia Civil. Así pasó otras dos semanas, fluctuando entre lo que parecía una leve mejoría y constantes recaídas. Aquellos episodios le generaban mucha ansiedad, tanto cuando los tenía como después, porque le hacían pensar que iba a ser así continuamente. Coincidió con que le habían empezado a suministrar unas inyecciones antipsicóticas como tratamiento. No recuerdo qué medicamento era. Sé que, durante la primera semana, cuando estuvo dormido, le pusieron mucho haloperidol, pero esto era otra cosa distinta. Los picos coincidían siempre con los días posteriores al pinchazo. Parecía un efecto secundario. Claramente ese medicamento no le estaba funcionando, pero al médico tampoco le preocupaba eso y siguió pautándoselo. A nosotras sí nos mortificaba verle sufrir y desesperarse, otra vez en la oscuridad.

Recuerdo estar con él un día en que se empezó a encontrar muy mal. Fue al control de enfermería. Solía ir cuando le pasaba eso. Le dijeron que no podían darle nada porque no le tocaba. Se puso peor. Me pidió que me fuera, pero yo no quise. Quería quedarme y ayudarle, aunque tampoco podía hacer más que pedirles a las enfermeras que le dieran algo, sin éxito. Esa gente está preparada para cualquier cosa, es imposible hacerles cambiar de opinión. Me insistió en que me fuera. Me dijo que él solo se tranquilizaría y se encontraría mejor. Por aquel entonces, me costaba la vida aceptar que la única ayuda que puedes dar muchas veces es dejar espacio. Que irte viene bien. Me repetí varias veces que estaba en el hospital y que estaría bien cuidado para acallar la voz de la culpa que me estaba gritando al oído.

Cuando llegué a casa le llamé; me dijo que al rato le habían dado algo para que se calmara y que estaba mejor. Fue una noticia agridulce. Me alegré de que estuviera más calmado, pero me dio mucha pena que se hubiera sentido así un solo minuto. Sé que no le tocaba la pauta de medicación y que las enfermeras no podían hacer nada. Lo que aún hoy sigo sin entender es que el médico le dejara estar así, que no le preocupara que tuviera esos picos y que no se pudiera hacer nada, cuando lo pasaba tan mal casi a diario, hasta que las manecillas de un reloj llegaran a cierto punto. Me parece demencial, nunca mejor dicho. No me creo que no se pudiera hacer nada. Entiendo que la medicación que tomaba era fuerte y tendría sus dosis y sus pautas; lo que no entiendo es que se deje sufrir a alguien y no se busquen otras soluciones cuando siempre las hay. Hay soluciones hasta para la gente que tiene dolores incapacitantes, pero parece que, cuando el dolor no es físico y el malestar es mental, no es para tanto, no pasa nada, no hay una morfina para eso porque no es preocupante, se puede aguantar. Esa fue mi sensación en este *thriller* psiquiátrico. Y pensar eso, después de todo lo que pasó, me sigue dejando con el corazón roto.

En el momento de su muerte no sufrió, y, aunque la culpa por no haberlo evitado ha sido muy complicada de extirpar, me he aferrado a que, al menos en ese instante, no sintió ningún dolor.

Seguimos yendo a visitarle todos los días. Nos turnábamos mi madre, María y yo para ir a verle por la mañana y por la tarde. Los días siguientes a nuestras visitas le dejaban salir del hospital acompañado, así que estaba deseando que fuéramos para dar una vuelta.

Solíamos pasear por el Retiro, que está al lado del hospital, y nos sentábamos en una terraza a tomar un refresco. A veces pagaba él con el dinero que tenía en su cartera y que le custodiábamos nosotras, porque no podía tenerla en el hospital, y otras veces le invitábamos.

Recuerdo una de las últimas visitas antes de que le dieran el alta. Estábamos los dos en el Retiro, sentados en un banco. Miguel llevaba todo el día muy callado, no decía nada. Era muy raro, porque había estado bastante hablador los últimos días, incluso gastaba bromas. Más que de costumbre.

Pero esa tarde su gesto tenía mucha tristeza. Me sentía totalmente impotente y decidí serle sincera porque no sabía qué hacer para ayudarle y estaba desesperada. Me encontraba agotada a todos los niveles después de las últimas semanas; mentalmente, había sido como estar en una guerra. Probablemente estoy exagerando porque nunca he estado en una que no sea conmigo misma, pero me sentía así.

Le dije que estaba preocupada por él y que me dijera qué podía hacer. Se quedó callado, pensando, y al poco me respondió que, con estar ahí, ya le estaba ayudando. No me sirvió en absoluto porque me sonó a tópico. Pensé que era una forma de disculparme para que me sintiera mejor. Tiempo después entendí que era la pura verdad. A veces, estar es mucho más que suficiente. Estar cuando toca e irse cuando toca, vaya dos lecciones. Parecen tonterías pero cuestan más que hacer la selectividad.

Ahora me acuerdo mucho de él porque ya no me vuelvo loca buscando temas para hablar y animar a una persona a la que estoy acompañando cuando está mal. Tampoco intento disimular o esforzarme para diluir el ambiente incómodo. Si estás jodido, estás jodido. Todos lo estamos muchas veces. ¿Cómo va a ser incómodo aceptar algo que sufre cada ser humano de este planeta? Vivir en silencio, algo común en millones de personas, me parece una locura. Lo incómodo tendría que ser fingir que no nos pasa nada. Pero he entendido que hacer espacio para que podamos ser libres y expresemos lo que sentimos es un buen regalo. Dedicar tiempo al silencio, escuchar sin dar una respuesta, sobre todo si no te la piden, y desprenderte de la necesidad de que pase algo más es una maravilla. Que alguien haga eso por ti te hace muy afortunado.

Por desgracia, ese día no lo entendía, así que seguí preguntándole qué podía hacer para ayudarle. Como no me daba una respuesta que me sirviera, nos volvimos a quedar callados, y en el silencio fue donde Miguel empezó a poder expresar lo que sentía. Me dijo que estaba muy triste porque pensaba que se iba a quedar así para siempre y que no iba a volver a ser él. Tenía miedo de ser esquizofrénico y vivir en esa oscuridad eternamente. Entiendo que tenía que estar sufriendo mucho, y esas dudas eran lógicas, pero que fuera una persona que no tenía paciencia para nada no ayudaba en absoluto. Me sentía inútil porque no sabía cómo comunicárselo. Intenté hacerle entender que su estado era temporal, que había sido algo muy fuerte y que necesitaba tiempo para recuperarse. Pensé que, si soltaba las expectativas y la presión de cómo creía que debería estar, se sentiría mejor. Necesitaba tener paciencia y compasión consigo mismo, aunque también habría sido buena idea cambiar de médico.

Me enfadaba mucho pensar que cuando alguien se rompe una pierna no se está cuestionando todo el rato si va a volver a caminar, simplemente se deja escayolar y espera a que suelde el hueso. No importa si tarda cinco días más o diez menos. Qué infravalorada tenemos la mente y qué pocos respiros le damos. No se puede poner mala, no puede fallar. No quiero juzgarle porque solo él sabe lo que estaba pasando, pero sí quiero juzgar la mierda de percepción que tenemos sobre la salud mental. Lo que no se ve no existe. Lo que no se cura con sutura y Betadine es que no está herido, y, si lo está, es una sentencia condenatoria para siempre. Ahora que Miguel no está, solo me queda la esperanza de que cambiemos esa percepción.

También le dije que, aunque fuera esquizofrénico, que no tenía por qué serlo, porque no se sabía el diagnóstico aún, con medicación estaría perfectamente. Se tendría que revisar y no sería un camino de rosas, pero podría tener una calidad de vida muy buena. Le decía todo esto mientras pensaba que menuda putada ser esquizofrénico con veintiséis años, sobre todo por la estigmatización que supone cualquier enfermedad mental. Si ya estaba así y aún no tenía un diagnóstico, no me quería imaginar cómo se sentiría si le hubieran dicho ya que tendría esa condición para siempre.

También pensaba que era una basura tener a alguien hablándote desde fuera sin estar viviendo algo tan complicado, pero creía que era necesario que saliera de su burbuja mental y viera las cosas de otra manera. Esa tarde no hubo forma. Mis ganas de que estuviera mejor no hicieron efecto. A mí me parecía hasta buena noticia que a partir de entonces fuera esquizofrénico, porque significaba tener un diagnóstico y un tratamiento, pero, sobre todo, porque suponía seguir teniendo un hermano. Él lo veía mal, lo mirara por donde lo mirara.

Me dijo que esa mañana el médico le había dado un antidepresivo al ver cómo estaba, pero, claro, hasta que hiciera efecto pasarían días o semanas. El tiempo: otra vez lo que hacía falta y por lo que no se iba a esperar nada ni nadie. No pensaba darle tiempo al tiempo. Me recuerda a la canción de Jarabe de Palo sobre ir muy deprisa y no saber ni adónde vas, *Como peces en el agua*. Así es justo como estábamos los dos juntos desde pequeños y como nos sentíamos escuchando ese disco en el coche, en verano: con la emoción de estar viajando para ir de vacaciones. Cuando la escucho ahora me acuerdo de todas esas excursiones que hacíamos los tres en los asientos traseros, hablando, jugando, pidiendo canciones, peleándonos a veces. Parábamos veinte veces porque, cuando uno hacía pis, los otros dos juraban que no lo necesitaban, pero a los pocos kilómetros le entraban ganas con mucha urgencia a otro, y así durante todo el viaje.

Ahora viajo casi siempre sola y desde hace muchos años tengo ese disco en el coche. Cuando suena, me parece un mensaje suyo tratando de explicarse, contándome que corría mucho sin tener por qué y que no era consciente. Ojalá hubiera podido ver las cosas más despacio.

Es muy triste pensar que en esta vida corremos todo el rato sin darnos cuenta de que no vamos a ningún sitio y de que no hay ninguna prisa, aunque a todas horas parezca que sí. Por mucho que todo se sienta importante y urgente, muy pocas cosas lo son.

Es la gran estafa de este mundo.

Una de tantas.

A pesar de que el recuerdo de esa tarde en el Retiro es triste y desesperante por no haber podido ayudarle, lo guardo en mi memoria con muchísimo cariño, también por todo lo que me dijo después. He hecho un pacto con mi cerebro: él recuerda siempre esa conversación y yo hago todo lo posible por preservar mis neuronas. Evitarle los golpes a mi cráneo es lo que peor llevo, por mi torpeza y por lo cabezona que soy, pero pongo mi mejor voluntad.

Esa charla fue importante por lo que hablamos, pero también por el mero hecho de tenerla. Con su nueva vida de adulto nos habíamos distanciado un poco. Pasábamos menos tiempo juntos, pero no me preocupaba porque sabía que éramos los mismos. Siempre seríamos dos hermanos que se adoraban y que podían contar el uno con el otro. Por suerte, esa tarde volvimos a tener un momento para nosotros. El último. A pesar de que él aún no estaba bien y de todo lo que había pasado, sentí que conectaba con mi hermano como siempre había hecho. Detrás de las paranoias, las alucinaciones, la ansiedad y toda la oscuridad, seguía estando mi Pinwi.

Después de estar un rato largo sentados, dimos un paseo por el Retiro y nos pusimos a charlar de nuestras cosas, como solíamos hacer. Hablamos de que ninguno había tenido suerte en el amor. Me preguntó si estaba enamorada y le dije que no. Me contestó que era una pena.

—Me parecería una pena estar enamorada y no ser correspondida, o estar triste por amor, pero estoy bien sin estar enamorada, estoy en paz —le dije.

Me dio la razón, pero entiendo que le diera pena, siendo él un admirador del amor. Desde adolescente había tenido novias, y cuando no las tenía estaba deseando estar enamorado. Es una pena que su ojo nunca haya sido fiable para elegir a la gente adecuada. En eso también nos parecemos.

Le pregunté si estaba bien en ese aspecto y me dijo que no mucho. Hacía pocos meses que había roto con su novia de muchos años, y menos mal, porque se veía a kilómetros que no estaban enamorados. Ahora estaba con otra chica, que le ilusionaba lo mismo que a cualquiera trabajar cuarenta horas semanales con jornada partida. Si lo pienso, aunque siempre tuvo pareja, nunca le vi feliz, por mucho que él dijera que lo estaba.

Aproveché para decirle lo que llevaba mucho tiempo queriendo decirle y que creía de verdad: que se merecía a una chica buena e independiente que fuera capaz de ver la persona tan maravillosa que era para que pudieran quererse de forma sana y crecer juntos. Cualquiera estaría feliz de estar con él, pero primero tenía que estar bien consigo mismo. Le dije que me gustaría que pudiera ver la estrella que era, que iluminaba la vida de quienes estábamos a su alrededor. No fue para animarle, era la pura verdad. Fue el tipo de persona que marca la vida de otras para mejorarla. Siempre era el primero en quien yo pensaba cuando necesitaba ayuda. Fue un oasis para mí, pero tengo claro que también lo fue para mucha más gente. Es algo que siempre supe y que pude comprobar cuando murió. No había visto a tantas personas juntas en mi vida, y menos llorando por la muerte de alguien, pero no me sorprendió nada tratándose de Miguel. Todo el mundo tenía algún recuerdo bueno, todo el mundo hablaba con muchísimo cariño de él. Puede parecer lo típico que pasa cuando alguien muere, pero no es así. He visto morir a gente por la que nadie ha llorado. Pasa más a menudo de lo que me gustaría y es más justo de lo que pensamos. No todo el mundo se merece que le lloren, hay muertes que no duelen. No pasa nada por decirlo, no hace falta ser buenistas.

A pesar de estar hablando con él, me quedé un poco cortada después de hablarle con el corazón en la mano, por eso de que nunca he llevado bien comunicar lo que siento.

—Sí, es verdad. Tú también te mereces algo bueno. Ojalá tenga la suerte de encontrar a una chica como tú algún día —me contestó.

Esas palabras aún se repiten en mi mente una y otra vez a todas las velocidades posibles.

Le dije que era una cursilería lo que me acababa de decir. No, hombre, no. No dije nada. No podía decir nada, porque esa frase me había llegado directamente al corazón. No le creí, porque, por aquel entonces, no creía que yo fuera buena, pero me hizo mucha ilusión que él pensara que lo era.

Esa tarde me volví contenta a casa por haberme vuelto a encontrar con mi hermano y haber compartido con él un rato, por lo que me dijo y porque se había dado cuenta de que se merecía a una buena persona a su lado. Después de tantos días feos, había uno más bonito. Aunque Miguel estuviera triste, pensé que se le iba a pasar. Además, me seguía autoconvenciendo de que él estaba mejor porque le dejaban salir a la calle. Creía que estábamos cada vez más cerca de pasar página...

Esos días cumplió tres semanas en el hospital y su médico decidió que era momento de darle el alta, aunque el brote se le repetía de la misma forma con las inyecciones y seguía igual de triste. Como remedio, le suspendió ese tratamiento y, ya de paso, le quitó el resto de medicación, antidepresivos incluidos, tan solo unos días después de empezar a dárselos. Únicamente le recetó una pastilla por si le daba mucha ansiedad. Metió un blíster en la cartera por si las necesitaba en cualquier momento, a pesar de que ya las había tomado antes y no le habían funcionado. De hecho, eran lo primero que le daban para calmarle cuando tenía una crisis y siempre tenían que darle al cabo del rato otra más fuerte para que se pudiera dormir, porque las primeras no le hacían ni efecto placebo.

El día 17, cuando miré su cartera, vi que faltaban dos. Está claro que, cuando le hicieron falta, intentó seguir las indicaciones del médico, como si esa vez fueran a ayudarle.

Le mandó a casa sin diagnóstico, sin medicación para los picos del brote ni para su estado anímico, y con la única indicación de que contactara con un psiquiatra del Negocio para que le hiciera el seguimiento. ¿Seguimiento de qué? Si no sabían lo que tenía. Pensamos que Miguel no era consciente de que estaba acabando con su vida, pero otra persona en esas mismas condiciones se habría tirado por la ventana sabiendo lo que hacía.

Cuando llegamos a verle el 15 de junio por la mañana, nos enteramos de que estaba de alta hospitalaria y de que nosotras teníamos que firmar que la aceptábamos. O sea, que teníamos que asumir la responsabilidad si le pasaba algo.

Preguntamos si podíamos hablar con el médico porque no estábamos seguras de que fuera una buena decisión. Qué mala suerte, su médico ese día no estaba. Había dejado el alta firmada días antes. Vio el futuro y supo que, ese día, Miguel estaría perfectamente para irse a casa. Además de médico era vidente. No sé en cuál de las dos facetas fallaba más.

Justo por su estado anímico, al verse igual, Miguel aceptó irse a casa. Supongo que no quería pasar ni un minuto más allí. Entiendo también que veía esa alta como lo que debería haber sido: una confirmación de que estaba en condiciones de abandonar el hospital. Lo mismo quisimos pensar nosotras, y más siendo la decisión del jefe de Psiquiatría del hospital, aunque estuviéramos llenas de dudas.

No nos terminábamos de decidir, era una situación muy delicada. Él nos pidió que le lleváramos a casa, nos dijo que estaba bien y nos preguntó si no queríamos hacerlo porque no queríamos cuidarle o porque pretendíamos dejarle ahí para siempre.

Intento no juzgarnos por aceptar aquella alta. Lo hicimos mal, no teníamos que haberle hecho caso ni a él ni a los médicos que había allí, que fueron los únicos con los que pudimos hablar y que no se atrevieron a llevarle la contraria a su jefe, así que corroboraron su decisión. Siendo el jefe de Psiquiatría, supongo que ni un loco le llevaría la contraria. Les pedimos que le llamaran, pero no quiso hablar con nosotras; estaba muy ocupado y no lo veía necesario. Casualmente, cuarenta y ocho horas después, el 17 de junio, estuvo muy insistente para que fuéramos a hablar con él.

Un poco tarde, creo.

Sé que lo hicimos mal, pero también sé que actuamos desde el amor, al querer evitar que Miguel sufriera más. Teniendo en cuenta todo el contexto, creo que es humano lo que hicimos, y de humanos es equivocarse. Con la presión de que él estaba deseando irse y de que todos a su alrededor decían que se podía ir perfectamente, nos lo llevamos. En qué mundo íbamos a imaginar que acabaría como acabó. Ni siquiera cuando me pidió que rezara para que no le volvieran a dar los episodios tan horribles que le estaban dando, porque le resultaba muy difícil soportarlos, pensé que acabaría así. Ni siquiera cuando, media hora antes de precipitarse por la ventana, me dijo que se iba a dormir porque se encontraba mal pensé que eso pasaría. Siempre me aferré a la lógica de que si unos médicos habían dicho que estaba bien y que se podía ir a casa, tenía que ser verdad. Pero no en todas las ocasiones la razón es la solución. Desde entonces, procuro no aferrarme a ella, ni a nada en realidad, porque en un segundo se fue para siempre una de las personas que más quería en el mundo, algo que no tiene ninguna lógica.

Antes de irnos del hospital nos dijeron que, si le volvía a dar el brote, podía volver allí y le administrarían algún medicamento.

En ese momento me invadió una duda: si planteaban esa posibilidad sería porque era probable que pasara de nuevo. Entonces, ¿por qué no le dejaban allí hasta asegurarse de que no le volviera a dar? ¿Por qué su médico había firmado el alta con días de antelación? ¿Por qué estaba todo tan programado? Hasta un tiempo después, tuve que quedarme con las dudas.

Como Miguel ya tenía la maleta preparada antes de que llegáramos, cogimos sus cosas y nos fuimos. No sabría decir si era más cabezón o más cagaprisas. Creo que *fifty fifty*.

Cuando salimos dijo que estaba bien, que se iría a su casa de Torrejón. La paciencia de una madre suele ser bastante grande, al menos la de la mía, pero ese día presencié cómo llegó a su límite. Menos mal, porque ni a mí ni a María nos hubiera hecho caso si le hubiéramos pedido que viniera con nosotras. Afortunadamente, mi madre no se lo pidió: simplemente le informó de que se venía con nosotras. No hubo réplica.

María y yo hemos compartido cuarto siempre, hasta que Miguel se independizó. Entonces me trasladé al suyo. No recuerdo la de veces que me agradeció que le dejara dormir en «mi» cuarto durante unos días. Ojalá hubieran sido *días,* en plural.

—Pero si es el tuyo —le repetía yo—, gracias por dejarme a mí estar en él.

—No, no, es tuyo ahora. Gracias a ti por prestármelo.

Así estuvimos como dos tontos durante un rato dándonos las gracias. Es curioso, porque *gracias* fue la última palabra que me dijo.

Al día siguiente por la tarde, cuando se encontraba mal, después de que le ofreciera veinte soluciones distintas para ayudarle y que no quisiera ninguna, y antes de irse a dormir, me dijo «muchas gracias, Carmen». Fue educado hasta en ese momento, cuando otros no dan ni las buenas tardes. Sí que era demasiado bueno para este mundo.

Justo esa mañana me regaló otro de los momentos que nunca voy a olvidar y el último recuerdo de todo el cariño que me daba. Cuando se levantó fue hacia la cocina y nos cruzamos en el pasillo. Me dio un abrazo largo. Se separó y empezó a darme besos por la frente, la nariz y el resto de la cara. Esa dulzura era la que le caracterizaba. Cuando cierro los ojos y me acuerdo de ese momento, le siento aún dándome besos. Tengo ese tacto guardado para siempre. Algunos fueron muy sonoros, como le gustaba darlos a veces, porque me hacía reír. Estuvo tanto rato que me pareció pesado y me separé. Ojalá no me hubiera separado nunca.

4—

ESA URNA NO ES MI HERMANO

El 17 de junio seguía pensando que era día 16, en parte porque no había dormido nada y en parte porque seguía funcionando como una máquina expendedora. Si pulsabas algún botón, te daba información, pero, si no hacías nada, permanecía en silencio, apagada, sin el más mínimo atisbo de vida. Estaba incómoda con esta nueva condición. El contraste entre todo lo que estaba sintiendo la gente a mi alrededor y mi *nada* interna no pintaba muy bien. Joder, otra vez era la rara. Como siempre.

Recuerdo estar por la mañana temprano con mi madre en la cocina. Me seguía sintiendo responsable y le pedía perdón. ¿Por qué? No lo sé, solo sabía que la culpa de lo que había pasado era mía, pero no sabía por qué. «No le pidas mucho a mi cerebro en este momento, está en servicios mínimos».

Ella me dijo que yo no tenía la culpa, que había sido un accidente. Tristemente, estando en *shock*, además de no poder expresar sentimiento alguno, tampoco podía creer o entender nada, así que esa verdad también salió volando por la ventana.

Mi madre empezó a llorar con mucha rabia y a dar puñetazos en la encimera. «No des puñetazos, te vas a hacer daño», pensé, pero no lo dije. ¿Qué le vas a decir a una madre que acaba de perder a su hijo así? Da puñetazos, llora, grita, maldice todo lo que existe. Por mí, tienes barra libre, ahora mismo puedes hacer lo que quieras. Con tal de que no te mueras tú también, desahógate de la forma que mejor te parezca. Si ya es bastante desagradable ver a tu madre así, no quiero pensar lo horrible que tenía que ser lo que estaba sintiendo ella. Continué callada porque la veía moverse y gritar, lo que indicaba que estaba viva. Si sigue viva, vamos bien. Si se acerca a la ventana, mal. Las ventanas son peligrosas. Que nadie se acerque a ninguna ventana y no tendremos problemas. Eso es. Sigue teniendo sentido. Tenemos que mantenernos lejos de las ventanas para siempre. Deberíamos relacionarnos con ellas mediante un palo de dos metros para abrirlas y cerrarlas. Madre mía, es la mejor idea que he tenido en mucho tiempo.

«¿Por qué? ¿Por qué? ¿Por qué? No lo entiendo», seguía repitiendo mi madre. Preguntas metafísicas, mis favoritas, y, sin embargo, las que menos me apetecían en ese momento. Yo tampoco lo entiendo, mamá, y, todavía hoy, sigo sin entenderlo.

Siempre le estamos buscando el sentido a todo, y la verdad es que la mayoría de cosas no lo tienen, o, al menos, no está a nuestro alcance, y puede que nunca lo esté. Aceptar eso es bien jodido. Busqué el sentido de la vida y de lo que había pasado durante tanto tiempo que me di por vencida. Por el libre albedrío, porque la vida es una mierda, porque nada tiene sentido... Puedes escoger tu respuesta favorita. Yo la he ido cambiando con el tiempo, como las estaciones.

Nos habíamos levantado muy temprano, estar en la cama sin dormir se hace eterno. Además, teníamos que ir al Instituto Anatómico Forense, donde le habían practicado la autopsia. Había que recoger sus cosas y decidir qué hacíamos con su cuerpo. Disecarlo me pareció la mejor opción. Podría tenerlo en casa, y me ayudaría con la idea de que no había pasado lo que se suponía que había pasado. Pero, por lo visto, no se puede hacer..., no sé qué de qué es ilegal. En fin, nos controlan demasiado.

En 2016 el instituto de autopsias estaba en la Universidad Complutense. Fuimos hasta allí para vivir un capítulo indecente más de esta nueva serie de terror.

Esperamos casi en la entrada. Estaba claro que ninguna quería estar allí. Unos metros más adelante estaban reunidos un montón de comerciales de funerarias. Me pareció el peor trabajo del mundo, porque iban en traje con el calor que hacía. Mentira. Es por el percal al que se enfrentan cada día. Viven en una competición continua entre ellos para convencer a los familiares de víctimas de muertes violentas de que sus servicios son los mejores, justo cuando su familiar ya no necesita muchos servicios. No sabía que se podía añadir sordidez al ambiente de un instituto forense.

Creo que lo que menos me importaba era a qué tanatorio ir. No sé, a uno cerca de casa, el que sea. A mi madre y a María también les daba igual dónde llevar a Miguel. Me acordé de mi abuelo. En 2013 le velamos en el Tanatorio SUR de Madrid. Pensar en él me resultaba familiar, y, con lo nuevo que estaba siendo todo, lo conocido me pareció una buena opción. Después me di cuenta de que quizá no era muy buena idea llevar a mi hermano muerto donde había estado mi abuelo muerto, que, además, está cerca de mi casa. Me acuerdo mucho de aquella Carmen que tomó la decisión con buena intención, concretamente cada vez que he pasado por el tanatorio todos estos años. Qué le vamos a hacer; una lo intenta, pero no siempre acierta.

Después de un rato esperando, salió una chica con una bolsa de basura negra. Nos dijo que ahí estaban las pertenencias de Miguel. Me pareció un poco ofensivo. Vale que mi hermano esté para el contenedor orgánico, ¿pero no había otra bolsa?

Creía que los detalles deshumanizadores alrededor de la muerte de Miguel se habían terminado el día 16, pero en ese momento vi que me había equivocado. Llegué a pensar que eran pistas de que estaba siendo víctima de una cámara oculta. Habría estado bien pararme en seco en algún momento, señalar a todos a mi alrededor y gritar: «¡¡Os he pillado!! ¡Que entre Miguel con el ramo ya!». Bueno, habría estado bien... Habría sido una historia graciosa para contar. Con el tiempo. Después de que se me pasara el enfado.

Salimos de allí cuanto antes con nuestra bolsa de basura. Contenía la última ropa que había llevado puesta, manchada de sangre. La sangre que yo no había visto desde lejos estaba en el pijama que le había prestado. Lo vi y pensé que tenía todo el derecho del mundo a enfadarme con él. Si me hubiera avisado de que se iba a exhibir públicamente acaparando todas las miradas del barrio le habría dado mi mejor pijama, no uno del montón, pero, claro, se lo calló. No me contó su plan cuando me pidió algo para dormir la siesta. Sonreí para mis adentros. No sé si porque me hizo gracia ese pensamiento o porque la risa era una de las pocas respuestas que podía dar mi cuerpo. Reírme de lo absurdo y loco que estaba siendo todo. Me empecé a aferrar a la teoría de que todo era una broma que se iba a terminar en cualquier momento, y pensé, palabra por palabra, en la bronca que le iba a echar a Miguel cuando apareciera.

Al llegar a casa, dejamos la bolsa encima de una mesa. Ninguna era capaz de hacer nada con su contenido. Tampoco sabíamos qué hacer con la vida en general. Al cabo de los días empezó a oler raro. Fue una buena excusa para obligarnos a tirarla. Nadie te avisa de lo sumamente difícil que es deshacerse de cualquier cosa que perteneciera a una persona tan querida y que tenía toda la vida por delante. Parece que te estás deshaciendo de ella. De la persona. La culpa y la soledad vienen a acompañarte para preguntar: «¿De verdad lo vas a tirar?, ¿vas a tirarle a la basura? ¿A ÉL?». Pero no es así. Él ya no está, y guardar cualquier cosa suya no le va a devolver a la vida, ni deshacerte de ella va a hacer que te olvides de él. Si funcionara así, sería mucho más sencillo, y la vida es de todo menos sencilla.

Lo único que rescatamos de la bolsa fue su colgante del arcángel san Miguel. Se había torcido y deformado con el golpe, pero seguía de una pieza. Me volví a reír en privado al pensar que san Miguel sí se había salvado de la caída. No era muy difícil, tiene alas y es santo. Para sobrevivir a un salto de cien metros solo hace falta que te hayan santificado, pero para eso tienes que haber muerto o ser un personaje de la Biblia. Pues eso, que la vida es de todo menos sencilla.

Era casi mediodía y yo ya me estaba cansando demasiado de esta película. Se me estaba haciendo más larga que *El irlandés*. Ahora tocaba la escena del tanatorio. Como la noche anterior le habían hecho la autopsia, aún tenía que pasar veinticuatro horas allí. Todavía estábamos en la segunda parte del partido, que tendría la prórroga del entierro.

Solo les había contado a David y a Cris, mis mejores amigos de la universidad, lo que había pasado, justo porque estaba hablando con ellos antes de enterarme. Cris me había preguntado si quería ir a dar una vuelta y, después de pensarlo, decidí quedarme en casa por si Miguel necesitaba algo. Sí necesitó, sí. Menuda intuición más afilada la mía.

No se lo dije a nadie más porque, según pasaban los minutos, me iba pareciendo cada vez más una *fake new,* y me tomo muy en serio lo de no difundir bulos. También porque soy un ser antisocial por naturaleza, muy a pesar de Aristóteles, y no se me ocurre una situación en la que me apetezca menos ver a alguien. No quería que me diesen el pésame por algo que no había pasado. Prefería que cada asistente, uno por uno, me pegara una patada en la boca del estómago antes que pasarme la tarde dando las gracias con falsedad. Tampoco quería tener que disimular hablando de tonterías para que nadie se sintiera incómodo en ese ambiente tan desagradable. Lo único que me apetecía era cagarme en la vida, así que preferí no tener a nadie alrededor. Así podía seguir negando lo que estaba viviendo, aunque tuviera delante el ataúd con Miguel dentro.

Decidí no decírselo a nadie más, pero recordé que no era mi película. Era una película que estaba viendo, así que yo no tenía mucho poder de decisión. Tampoco me interesaba tenerlo entonces si no lo había conseguido cuando intenté convencer a Miguel de que fuéramos al hospital la tarde anterior.

Aunque mi actitud era la de estar contra el mundo, tuve en cuenta que, por mucho que me apeteciera quedarme en casa sola, escuchando el silencio, había gente que sí estaba procesando la muerte de Miguel y que se quería despedir de él. Además, mi cerebro estaba muy a favor de ir al tanatorio, pese a la obligación de ver a gente. Él estaba encantado de estar ocupado planeando cosas lógicas y superficiales. Me explicaba: «Ahora hay que ir a la funeraria porque ya le han hecho la autopsia. Hay que vestirse de negro. Mañana habrá que vestirse de negro también. Necesito dos *outfits* de ese color. Genial, tengo ropa de sobra para eso. Me ha encantado estar ocupado en esta tarea, dame otra».

Nada más llegar al tanatorio, me volví a reír sola. En la entrada había un cartel enorme que rezaba: «De Madrid al cielo». Pensé que Miguel, enamorado y defensor de Madrid desde siempre, se lo había tomado de manera literal y había intentado volar. Todo era culpa de la maldita chulería madrileña. O, al ser verano, igual quiso copiar a los británicos haciendo *balconing*. La verdad es que solo tengo palabras de agradecimiento para mi cabeza. No se hacía cargo de nada, pero se estaba esforzando todo lo posible por hacerme reír. Era más que suficiente para lo que acababa de vivir.

Me puse a rumiar una idea: si me estaba haciendo gracia lo que se me ocurría, quizá también podía sentir otras cosas. Quería encontrar algo dentro de mí que me diera señales de que yo sí estaba viva. Puse toda la atención en mi cuerpo, me esforcé por sentir todas sus partes. Entre la garganta y el intestino localicé un nudo grande. Bastante grande, diría que ocupaba como medio metro. Alguna vez he tenido esa sensación en la garganta o en el estómago, pero nunca en tanto espacio a la vez. Era como estar estreñida emocionalmente por todas partes.

Tenía todo dentro guardado, en algún lugar no físico. En ese momento, no me parecía mucho problema estar así, mi familia ya estaba al tanto de lo que me pasaba y era toda la gente que quería que lo supiera. No reparé en qué iban a pensar los demás. Me daban exactamente igual, hasta un punto extremo que nunca había experimentado.

Cuando llegamos a la sala del tanatorio, vi que el ataúd estaba cerrado. Era la primera vez que veía uno así y me dio mucha impresión. Supuse que era terrible lo que había que ver, y que por eso estaba cerrado. No iba a ser yo la que pidiera abrirlo. Siempre que veo un cadáver se me queda la imagen grabada y la vuelvo a ver cada vez que cierro los ojos durante meses, así que no tenía ninguna intención de ver este, como no había tenido intención de acercarme cuando estaba en el suelo. Había algo que me lo impedía. No sé si creía que negándome a ver su cuerpo sin vida tenía una excusa para no aceptar que había muerto, o si simplemente no era capaz de enfrentar la situación y, por ello, mi cuerpo me impedía exponerme a ese trago.

Como nosotras no habíamos avisado a mucha gente, supuse que no seríamos tantos allí. Al principio me sentía bastante cómoda, porque estábamos mi madre, María, mi tío, los tíos de mi madre, mi padre y yo. Poca gente, mi ambiente favorito. Pero los cuatro gatos duramos lo que duró la jornada laboral. A las pocas horas de estar allí, empezaron a llegar sus amigos del trabajo. Algunos habían estado la noche anterior en casa y era más que lógico que vinieran. Lo que hizo que me explotara la cabeza fue que siguiera llegando gente, unos detrás de otros, sin parar, como si eso fuera la playa de Valencia en verano. Ahí estaba la prueba de que Miguel alegraba todas las vidas que tocaba, menos, desgraciadamente, la suya. Siempre he creído que si no te quieres y te cuidas no puedes hacerlo con los demás, pero no. No podía estar más equivocada. Por muy mal que estés y por muy poco que te valores, desde fuera se puede ver perfectamente tu luz. Al no escuchar tu crítica constante y tu juicio interno, los demás pueden apreciar tu esencia mucho mejor que tú mismo.

Muchos de sus compañeros y compañeras quisieron saludarnos, pero otros tantos prefirieron no hacerlo para no molestar. Consideré que era lo normal viniendo de militares, la gente más correcta en las situaciones formales. Me enterneció el corazón que, aun siendo los más protocolarios —la mayoría, hombres—, muchos de ellos lloraban sin esconderse. Ni el Ejército, la cumbre de la masculinidad como la hemos entendido hasta ahora, podía con lo que estaba sintiendo en ese momento. Era una pequeña victoria para las estúpidas normas sociales, y eso, como persona que está en contra de las reglas desde que nació, me alegró tanto que fui a saludar a algunos de ellos e incluso los abracé. Me sorprendí a mí misma, porque el contacto físico es lo segundo que menos me ha gustado desde que tengo uso de razón, pero pocos atributos me provocan más admiración que el que una persona vaya a contracorriente.

Todos fueron muy cariñosos, se portaron increíblemente bien. En ese momento y después. Nos invitaron a algunos de los actos que solían celebrar en la base de Torrejón. Cuando vi cómo se portaban, supe que Miguel hubiera llorado por ellos de la misma forma. No conozco mucho el Ejército, pero pude comprobar que, al margen de la exigencia, el sacrificio y la presión a la que están sometidos sus miembros, son una familia. Cuando dicen que morirían por sus compañeros es literalmente así. La lealtad es otra de las cualidades que más admiro de una persona. La verdad es que esos chicos se merecían más de un abrazo.

Estaba tan agradecida y conmovida por verlos a todos así que ni siquiera me sentó mal cuando uno de sus mejores amigos me abrazó y me dijo al oído: «Oye, Carmen, estás muy entera para lo que ha pasado, ¿no?». Le contesté: «Hombre, no he sido yo la que se ha tirado por la ventana, claro que estoy entera».

No, no le contesté eso. Eso se me ocurrió después. En ese momento me sentí incapaz de demostrar lo que significaba todo aquello para mí. Precisamente era algo tan gordo que mi cerebro había decidido fraccionarlo, como una compra muy cara. La primera cuota no tocaba hasta unos meses después. Lo que le dije era que no estaba siendo capaz de entender nada, que me superaba todo. Seguía repitiéndome que eso no estaba pasando. Creo que su pregunta mostraba cierta preocupación, no pensaba que yo era una psicópata incapaz de sentir; pero, si lo hubiera pensado, tampoco me habría parecido mal. Ahí vi las primeras muestras de que, durante un tiempo, no me iban a importar la mayoría de cosas que conlleva la existencia humana. Si se hubiera acabado el mundo, hasta me habría parecido un buen momento. Ahora echo mucho de menos sentirme así. Solo esa parte, desde luego. A veces me veo envuelta en problemas que no me dejan dormir y me acuerdo de aquellos días. Pienso en la lógica que tenía no preocuparse por nada, porque nada tenía sentido ni importaba, y eso me ayuda a verlo todo con otra perspectiva.

Aquel chico no fue el único que mostró su preocupación por mi inexpresividad, aún más exagerada que de costumbre. Mi madre me preguntaba cada poco tiempo si estaba bien, supongo que porque, mirando mi cara, obtenía la misma respuesta todo el rato: «Meh». Ni frío ni calor. Me dijo que no me preocupara por estar así, que ya saldría el llanto. Sabias palabras de una madre, como suele ser.

Pensando en esto, me di cuenta de que se me había escapado un detalle. Nunca había llorado delante de nadie con quien no tuviera confianza plena, y me sobran dedos de una mano para contar a esas personas. Eso se sumaba a la anestesia emocional. Ni aun queriendo hubiera podido hacerlo. Para mí, llorar era como quedarme desnuda. Por aquel entonces pensaba que mostrar sentimientos era signo de debilidad, así que intentaba ocultarlos todos. No escarbaba. La vulnerabilidad da mucho miedo. Al rechazo, supongo. Así, automaticé lo de no llorar delante de nadie. Todo esto siendo mujer; no me lo quiero imaginar si hubiera sido hombre.

Por suerte, en este tiempo, con paciencia y trabajo, he logrado cambiar eso radicalmente. Tanto que, hasta cuando voy por la calle y tengo ganas de llorar, lo hago. He aprendido a no guardarme el llanto porque, y siento hacer otra metáfora de mierda, es como hacer esfuerzos para no cagarse. Ya lo hice durante mucho tiempo y una se siente mucho mejor cuando lo saca. Mejor fuera que dentro, siempre. Bueno, siempre no. Hay veces que de fuera hacia dentro también está bien. Hablo de comer.

Mientras guardaba el llanto en la caja de Pandora, todo el que venía al tanatorio tenía unas palabras de consuelo y ánimo. O, al menos, lo intentaba con más o menos acierto. Yo seguía con la sensación de que todo era una interpretación bastante pésima. Mi cerebro no podía evitar pensar cosas que, probablemente, me hacían gracia solo a mí. Volví a caer en lo loco que estaba siendo todo y en la manida frase de «¿a que no te atreves a hacer un chiste en un tanatorio?». Me dieron ganas de hacer más de uno en alto, como respuesta a la incoherencia de lo que había pasado, pero sucumbí al acuerdo social no verbalizado de que nadie se sintiera incómodo. Mientras pensaba esto, mi madre no tardó ni medio minuto en hacer un chiste y reírse en voz alta. Cuando me preguntan de dónde sale mi sentido del humor, lo tengo muy claro. Como buena andaluza, tiene duende. Es un duende un poco bestia y más que irreverente. Mi duende favorito. El que me ha enseñado a reírme de absolutamente todo: para prueba, ese chiste en el Tanatorio SUR de Madrid cuando su hijo se acababa de matar. Lleva toda la vida riéndose y con unas ganas de vivir que aún no me explico, teniendo en cuenta la vida que ha llevado. Y siempre nos ha hecho partícipes de sus bromas. Como ella dice: «Me río hasta de mi sombra». Estoy segura de que habría sido muy buena cómica, pero quiso ser médico. No todos deciden tener un trabajo importante, qué le vamos a hacer. Por suerte, yo sí continué con esa tradición familiar. La de hacer chistes, la de ver sangre no está a mi alcance porque me mareo con una sola gota. Me dedico a la comedia gracias a mi madre en muchos sentidos. Siendo su hija, no tenía más camino que buscarle la comicidad a todo, porque siempre la he visto acudir al humor como única vía de escape al callejón sin salida que es la vida. Como lo era en ese momento aquel ataúd cerrado.

Serafina no solo es valiente para reírse de todo lo que le toca, lo es también para el resto de cosas. Es la persona con menos miedo que conozco. Además, ha sido la mejor madre que pudiéramos desear. Soy muy consciente de ello, así que intento cuidarla todo lo que puedo. Por eso me tocó la moral cuando una señora se acercó y me dijo, unas horas después de que mi hermano se matara, mientras yo estaba en casa, que lo que yo tenía que hacer a partir de entonces era cuidar a mi madre. Le dije: «Sí, tranquila, si el listón está bastante bajo. Con no tirarme por la ventana ya es suficiente». Fue una broma sarcástica que después se volvería en mi contra, porque no iba a ser tan fácil aguantar sin tirarse por la ventana. Pero en ese momento no sabía nada más que lo que he sabido siempre: que no me gusta que nadie me diga lo que tengo que hacer. ¿Cómo no iba a cuidar a mi madre en una situación así, si yo me estaba culpando de lo que había pasado? Es como decirme que me acuerde de comer *pizza*, siendo mi comida favorita. Vi que tampoco había mala intención en sus palabras e igualmente tenían un trasfondo de preocupación. Aun así, me quise dar un respiro y decir algo sarcástico después de callarme todo lo que había pensado en treinta y seis horas. Lo siento por esa señora. A cambio, quiero que sepa que he cumplido su encargo de cuidar a mi madre, y encima sigo sin haberme tirado por la ventana.

Se hizo de noche, como cada día, y nos volvimos a quedar solos en el tanatorio. Estaba claro que no nos íbamos a ir hasta el día siguiente, cuando le incinerarían. Tocaba otra noche muy larga. Cuando todos sus compañeros y amigos se fueron, mi madre pidió que levantaran la tapa del ataúd para verle. Supongo que aún tendría la espina clavada de que no le dejaran ver el cuerpo de su hijo cuando se precipitó por la ventana.

Me avisó de que lo iban a hacer porque sabía que yo no había podido acercarme a verle en la calle. Seguía sin querer tener esa imagen grabada. Sabía que ese recuerdo me iba a perseguir el resto de mi vida sin que hubiera ni rastro de mi hermano en él. No le quería recordar así. No le hacía justicia. Salí de la sala. Pensé que también me estaba ahorrando muchas pesadillas. No sé si me llegué a librar de alguna, porque sigo teniendo, aún hoy.

Aunque tenía bastante claro que no quería verle así, en ese instante pensé que podría estar renunciando a un momento importante de mi familia, que era débil por no estar ahí y que podría ser incluso mala persona. La culpa es como el cerebro mismo, no para nunca.

Irónicamente, al final no fue esa imagen tan impactante la que me persiguió, sino mi decisión de no estar presente. Me hostigó sin parar desde ese momento y me golpeó más fuerte después, durante el duelo. La culpa me preguntaba más a menudo de lo que me gustaría: «¿Por qué no lo viste? ¿Cómo fuiste capaz de cometer tal falta de respeto? Has sido la peor hermana del mundo». Siempre le respondía lo mismo: «Porque no me quería despedir de él. No me puedo despedir de alguien que no se ha ido, y él, te lo recuerdo, va a aparecer en cualquier momento». Tengo otros motivos que no le contaba porque me daban un poco de vergüenza. Tampoco quise verle porque me impresionan mucho las imágenes grotescas, no me quiero ni imaginar esa impresión si guardo algún tipo de relación afectiva con la imagen. Soy incapaz de ver una película de terror sabiendo que es ficción, como para ver la realidad de Miguel golpeado contra el asfalto.

Si la culpa me lo preguntara ahora, le confesaría todas las razones. Creo que no hay que fingir cuando algo te hace mal. Estamos educados para aparentar ser invencibles e inmortales, cuando lo que somos es lo más alejado posible a esos dos adjetivos. Me parece lo suficientemente complicado ser consciente de que algo es dañino para ti como para seguir haciéndolo cuando lo sabes y puedes parar. Quizá alguien me juzgó por la decisión que tomé. Si ya me miraban raro por no llorar, qué más me daba parecer un poco más insensible. Supongo que desde fuera parecía que no me importaba nada, y lo que pasaba es que era algo demasiado grande como para intentar abarcarlo. Es como ir al supermercado sin bolsa, no puedes cargar con mucho.

De momento, tenía que ocuparme del pequeño detalle de sumar otra noche sin dormir. Nunca había pasado cuarenta y ocho horas así, pero siempre hay una primera vez para todo, y soy una persona abierta a probar experiencias nuevas. Además, como no sentía nada, tampoco acusaba el cansancio. Solo tenía niebla mental, pero con eso se puede sobrevivir eternamente. De hecho, mucha gente pasa por este mundo sin tener la mente despejada ni un segundo. A pesar de esa niebla, del impacto emocional y de su consecuente estreñimiento de sentimientos, mi cuerpo se rindió y me dormí. Unos diez minutos. Ya no podía decir que llevara dos noches sin dormir porque entre ambas sumaban unos veinte minutos, y eso ya se considera una siesta. Me desperté y me di cuenta de que, otra vez, algo que había pensado que sería una buena idea resultó ser una pésima opción. Como me sentía culpable si me dormía, porque pensaba que estaba abandonando a Miguel, me tumbé en el sofá que estaba enfrente del ataúd. Tenía un primerísimo primer plano a través del cristal.

Cuando te despiertas, los primeros segundos son rarísimos. No sabes dónde estás, no recuerdas qué día es ni qué es lo último que ha pasado. Ver un ataúd nada más abrir los ojos no ayuda a aclarar nada; al revés, es todo mucho más confuso y aterrador. Fue un lapsus en el que creí que seguía soñando. Pensaba: «Qué pesadilla tan fea soñar con un ataúd y qué realista está siendo. Ah, no, espera. Que la pesadilla es real y ahí dentro está el cuerpo de mi hermano». Fue tan desagradable volver a conectar con esa situación que decidí no dormir más esa noche. Mi cuerpo necesitaba una tregua, pero me iba a tener que enfrentar a la noticia de que mi hermano estaba, precisamente, en un descanso eterno cada vez que me despertara durante mucho tiempo, así que era mejor postergarlo. Al final iba a estar más muerta que él, pero, esa vez, me puse de parte de mi cerebro. «Ya se ocupará de intentar dormir la Carmen del futuro», me dije. Total, Dios no nos manda nada que no podamos superar.

Parecía que no iba a amanecer nunca. La noche se hizo mucho más larga aún que la anterior, por el pequeño matiz de estar en una sala ajena y fría. Allí no se podía estar cómoda metafórica ni literalmente. Pensaba que, si estuviese en casa, todo seguiría igual, pero al menos me sentiría más refugiada. Cuando por fin se hizo de día, me di cuenta de que nos teníamos que ir de allí. Toda esa movida seguía en pie, íbamos a enterrar las cenizas de Miguel. Entonces quise que volviera la noche, por más que hubiera sido la más desagradable que había vivido. Cómo es el ser humano, siempre queremos lo que no tenemos.

Me empecé a agobiar porque se agotaba el tiempo para que el cuerpo de Miguel volviera a la vida antes de que lo incinerasen. Me acordé de que, cuando estaba en el suelo de la calle, me había parecido ver su brazo despegado del cuerpo a la altura del codo. Pensaba que me lo había inventado, pero, por si acaso, me quise asegurar, porque quería hacer las cosas bien. Le pregunté a mi madre si cuando abrieron el ataúd había podido comprobar que mantenía los dos brazos. No suena a la típica pregunta que le haces a una madre de buena mañana, pero no nos quedaba mucho tiempo. Me dijo que estaba tapado hasta el cuello, pero que intentó agarrarle la mano y que parecía que no estaba. O sea, que yo había visto bien. Me agobié más, porque pensé que había que encontrar su brazo y coserlo antes de que volviera a la vida. Qué estrés, tantas cosas con tan poco tiempo, parece un viernes por la tarde justo antes de salir de trabajar. Pensé que le quedaría raro un brazo cosido, pero supuse que se le caerían los puntos en poco tiempo. Nunca he sido fan de Frankenstein, ahora bien, si era el precio a pagar para que volviese Miguel, prometí quererlo igual. Después pensé que perder medio brazo tiene que doler mucho. Pero recordé que no tuvo tiempo para que le doliera nada. Mi cabeza me volvió a decir que no me tenía que sentir culpable de esos segundos porque no sufrió una muerte lenta y dolorosa. Menos mal. ¿Hay que dar las gracias por eso? No sé, me parece un poco un recochineo.

Meses más tarde leí que en una caída así es muy probable que se pare el corazón y mueras antes del impacto. Lo que explicaría que hubiera tan poca sangre en el suelo, y solo algo en la parte de la cabeza. En eso sí me fijé cuando salimos de la ambulancia y subimos a casa una vez se lo habían llevado, porque me sorprendió que no pareciera una escena de Tarantino. Supongo que el director de esta película no quería que le acusaran de plagio.

Un trabajador de la funeraria entró para avisarnos de que ya se lo llevaban al crematorio y le podíamos decir adiós en la «sala de despedida». Me pareció el peor nombre del mundo. ¿Quién querría estar en la sala de despedida? Tendrían que pagar mucho para que alguien entrara allí por su propio pie. Me reí, porque pensé que Miguel iba a entrar fácilmente, pero no por su propio pie. No quería ir, pero me obligué. Ojalá en la sala de despedidas te despidieran del trabajo y no de la vida.

Me parecía difícil superar la frialdad de las salas de los tanatorios, pero eso era otro nivel. Era completamente blanca. Me recordó a un quirófano. A la idea que yo tengo de un quirófano, porque nunca he estado en uno. No, no lo era porque no había nadie a quien salvar ya. Nunca el color blanco me había dado menos paz. Ahí estaba el ataúd, en medio de la nada, y esa era la última vez que iba a estar cerca del cuerpo de mi hermano. Me abracé a la madera buscando algún consuelo y, aunque no lo encontré, sí noté que estaba cerca de Miguel. Noté familiaridad. Se parecía a lo que había sentido en la cama el día 16, cuando tuve la sensación de que me estuvo abrazando toda la noche. No le veía, pero sabía que estaba. Y así ha sido desde ese día.

Solo pasamos la familia más cercana a la sala de despedida, pero sus compañeros nos habían pedido decirle adiós todos juntos y no le podíamos negar nada a esa buena gente. Llevaron el féretro a una zona del tanatorio al aire libre. Allí estábamos todos de pie, al sol. Debía hacer mucho calor porque, aunque no tengo ningún recuerdo de sentirlo, sufrí por los chicos que estaban vestidos de uniforme. Ya había visto más de una vez desplomarse a alguno en los actos de Miguel a los que habíamos ido. Nos contaba que, antes del acto, les tenían horas al sol. Normal que más de uno cayera en ese combate. Eso me preocupó, porque pensé que ya habíamos tenido suficiente: el cupo de caídas estaba lleno. Me puso más nerviosa de lo normal pensar en alguien precipitándose al suelo, pero no fui consciente de hasta qué punto. Desde entonces, cada cosa que se me ha escurrido de las manos me ha puesto automáticamente de mal humor. Hasta meses después no entendí la relación. Ahora lo llevo mejor, pero me sigue pasando. Si se me cae algo al suelo, como poco, refunfuño. Lo que aún no soporto es ver tirarse a personas desde cualquier altura. Es una de mis criptonitas.

Por suerte, no cayó ninguno. Ninguno más. Hicieron un desfile muy bonito frente al féretro. Se iban colocando uno a uno. El que mandaba les daba órdenes y ellos iban cambiando de postura. Al final, entonaron una canción que siempre usan en los actos de homenaje a los caídos y que a Miguel le encantaba, *La muerte no es el final*. Fue tan emotivo que estuve a punto de llorar. Casi lo consigo. Desde entonces, cada vez que la he escuchado, he llorado siempre. Soy como el perro de Pávlov con las primeras notas musicales. De hecho, me la pongo cuando estoy triste, pero no consigo llorar para deshacer el nudo. Esa canción logra conectarme a Miguel, porque me acuerdo de verle cantándola y porque creo que la muerte no es el final. Es un temazo, sin ninguna duda. Cada vez que la escucho, lo veo vestido de blanco, sonriendo, con un resplandor a su alrededor que ciega, y sé que está bien. No me quita la pena, pero logra un sucedáneo de consuelo.

Cuando los chicos acabaron su *performance*, se llevaron el féretro al crematorio. Se había acabado el tiempo y no había ni rastro del brazo ni de la vuelta a la vida, salvo en la canción. Pensé que quizá esa era la única vuelta a la vida que iba a haber.

La de darse cuenta de que seguía estando allí donde estuviese entonces. Pero en ese momento no me servía.

Teníamos que volver al día siguiente a por las cenizas. Ya sumaban tres noches sin dormir. Al final la que se iba a marcar un récord Guinness era yo. Estaba prescindiendo de uno de los mayores placeres de la vida como es dormir, por supuesto, en contra de mi voluntad. Si mi insomnio se hubiera debido a estar de fiesta, haría mucho rato que habría hecho una bomba de humo y estaría acurrucándome en la cama.

Al día siguiente recogimos la urna, y desde el tanatorio fuimos al cementerio con ella. Me reí al entrar en el coche porque pensé que íbamos diez en un coche de nueve plazas. Encima, el que más espacio había necesitado hasta entonces era el que menos ocupaba. De todas las cosas que habían pasado en los últimos días, pensar que mi hermano estaba ahí dentro era la que se me hacía más extraña. Pero si era muy alto, ¿cómo iba a caber en esa urna tan pequeña? Me dije: «No puede ser, ya basta. He llegado a mi límite. Miguel no es un puñado de cenizas metidas en una urna de un verde tan feo que hace llorar a cualquiera que no sea daltónico. No. No sé qué ha pasado, no entiendo nada, pero esta explicación no me sirve. Dicen que han reducido su cuerpo a cenizas, pero yo me niego a reducirle a eso. Voy a seguir buscando una explicación coherente, porque esto es una locura».

En el coche nos acompañaba un cura que conozco desde que nací, literalmente, porque me bautizó y me dio la comunión. Mi madre le había pedido que oficiase una misa para Miguel antes de enterrarle. Iban hablando los dos y, en un momento dado, mi madre le dijo que yo estaba preocupada porque no podía llorar. «¿No te sale?», me preguntó. «No —le contesté—. No sé qué pasa, pero no puedo. Quizá sea algo malo, ¿no?». No creo mucho en la Iglesia. Más bien no creo nada, pero tengo cierta deferencia hacia la gente que decide ser célibe por propia voluntad, casi casi como yo. Para mí son un referente, así que busqué respuestas en él. «No pasa nada, ya vendrá, no hay prisa», contestó. Siempre le he tenido mucho respeto a ese señor, y cuando digo *respeto* quiero decir un poco de miedo, pero en ese momento sentí agradecimiento y cariño por entenderme, por no presionarme y por no insinuar que había algo malo en mí.

Me tranquilizó bastante. Si mi madre y el cura que me bautizó dicen que no pasa nada por no llorar, tiene que ser verdad. No será para tanto. Además, no lloré ni en mi bautizo, con el susto que es recibir de sorpresa un chorro de agua en una cabeza enana y pelada. Quizá es que lo mío no es llorar, tampoco hay que forzar lo que no se nos da bien.

Llegamos al cementerio donde mi abuelo Alfonso compró un nicho cuando falleció mi abuela Juana en 2002, también antes de tiempo. Allí estaban los dos y, a partir de entonces, iban a estar acompañados por Miguel. Bueno, de lo que decían que era Miguel. Más tarde iremos todos los demás. Espero que mucho más tarde. El plan era ir en el orden en que llegamos a este mundo, pero a Miguel siempre le gustó destacar. De hecho, mis abuelos murieron en invierno, y él, en verano. Estoy segura de que fue solo para llamar la atención. Aunque en el fondo se lo agradezco, porque siempre es más cómodo ir a un entierro en manga corta.

Esperamos a todos los compañeros que quisieron venir. No eran tantos como en el tanatorio, pero seguían siendo bastantes. Me hizo gracia pensar que, con tanto militar uniformado, cualquiera podría haber pensado que había un aviso de bomba. Salvo por el pequeño detalle de que un aviso de bomba en un cementerio habría sido el terrorismo más inocuo de la historia. Eso me hizo más gracia aún. Imaginé al terrorista jefe muy enfadado, gritándole al que había puesto la bomba: «¡¡Te dije en el ministerio, no en el cementerio!!». Me parecía de mal gusto estar riéndome tanto yo sola sin compartirlo con nadie, pero no sabía si estaba el horno para bollos. O igual sí, porque ya había salido Miguel de él, pero preferí quedarme callada.

La sacramental tiene una pequeña capilla donde nuestro cura, desde ese día el cura de mi corazón, empezó la misa. Notaba que estaba siendo muy emotivo, todo el mundo estaba llorando, pero yo, una vez más, iba a destiempo con el contexto. No podía parar de contemplar esa urna de una forma hipnótica. Era imposible separar la mirada, como cuando tienes la vista cansada y te quedas divisando un punto fijo mucho rato sin mover los ojos ni parpadear, a pesar de que no estás viendo nada. Solo que yo sí tenía el foco puesto en ese recipiente que llenaba todo mi campo visual. Me recordó a las películas en las que dos personajes se cambian de cuerpo. Ahora una urna andaría vagando, a saber dónde, con el cuerpo de Miguel. Vale, ese era el tipo de película que estábamos rodando. Pues se supone que esas son divertidas y esto era un drama. Además, mi personaje ya se había enterado del conflicto, estaba perdiendo fuelle por momentos. Si yo fuese la directora, todo esto sería muy distinto. Para empezar, habría elegido otro objeto. Cualquiera daría más juego que una maldita urna.

No sé cuánto duró la misa, no debió de ser mucho, pero para mí fueron solo unos segundos mirando fijamente el recipiente verde y recordando mil momentos con Miguel. «Es que es imposible, esto no está pasando —me repetía—. Esa urna no es mi hermano». Esta última frase me pareció un buen título para la película. Me imaginé a Jim Carrey entrando muy acelerado a por la urna, pidiendo disculpas e inventando una historia falsa sobre que era un objeto muy preciado de su abuela que le tenía que devolver, cuando en realidad era un tesoro de incalculable valor porque guardaba el corazón de oro de la mejor persona del mundo. Él y su mejor amigo se habían enterado por casualidad del contenido de la urna, así que habían corrido a robarla para venderlo y hacerse millonarios. Mientras Jim inventaba todo este bulo para convencernos, aparecía atropelladamente Zach Galifianakis, jadeando, intentando ayudarle inútilmente, porque Jim ya tenía en sus manos la valiosa pieza y podían huir con ella. Eso habría sido más asumible que todo lo me estaban intentando hacer creer.

Como era negacionista del contenido de la urna, no me importó no cogerla. María y mi madre se la turnaban, y yo no tenía ninguna intención de entrar en esa ecuación. A mí no me iban a colar toda esa trola.

Una vez terminó la ceremonia, fuimos en silencio hasta nuestro nicho y esperamos a que quitaran la lápida. Pasamos un rato largo en silencio, escuchando sollozos mezclados con cantos de pájaros. Me pareció una metáfora muy acertada de la vida.

Cuando los trabajadores del cementerio destaparon el nicho, vimos las dos urnas. Allí estaban mis abuelos, juntos, como habían pasado la mayor parte de su vida. Mi madre metió la nueva en medio de las otras dos. Verla hacer eso es probablemente lo más antinatural que vaya a presenciar en mi vida, incluso más que todas las caras inexpresivas por el bótox que he visto hasta ahora. Me dio un escalofrío, pensé que eso no debería estar pasando. Era una imagen que no tendríamos que haber contemplado jamás. De pronto, creí en los pecados, porque aquello estaba siendo uno muy real. Eso sí que era auténtico pecado capital y no quedarse todo el domingo en el sofá tumbado comiendo hasta reventar después de masturbarse. Cuando se separó y miré las tres urnas, vi una imagen completamente distinta. Mi abuela estaba a la izquierda, Miguel en medio y mi abuelo a la derecha. Los tres se abrazaban, sonriendo, mirándonos al resto con amor, como si siguiéramos todos juntos. No fue imaginación mía, esa imagen se me presentó en la mente, no la elaboré yo. En ese momento, mi cerebro estaba entretenido con lo feas que me parecían las otras urnas también, aunque no ganaban a la verde. Fue como un regalo. No sabía si había algo después de la muerte, nunca lo había pensado mucho. Esa imagen fue la respuesta a una pregunta que aún no me había hecho.

Los compañeros de Miguel habían traído una corona de flores blancas preciosas, pero el nicho estaba en una pared, así que no había dónde dejarla. No hubo más remedio que posarla en el suelo. Parecía que era para las tumbas que estaban a esa altura. Otra metáfora de la vida: tener buena intención no te garantiza que vaya a salir bien. Pero total, qué importaba. Miguel no se iba a quejar de que no se lo dejáramos todo colocado al milímetro. Antes era muy cuadriculado y ordenado, pero ya no. Pensé que nunca más me iba a regañar por no limpiar las migas de pan al terminar de comer. Tampoco se quejaría si no dejaba las sillas del comedor separadas por los mismos centímetros entre ellas cuando me levantara de la mesa, y se me hizo rarísimo. «No, eso va a volver a pasar, seguro. Ha sido así toda la vida hasta ahora, no puede parar de repente. No tiene sentido», dijo mi cerebro. Jamás pensé que algún día echaría de menos hasta eso, con lo que me cabreaba cada vez que me lo repetía.

Cuando pusieron la lápida de nuevo, esperamos un rato más en silencio y después nos fuimos a casa. Sus amigos se despidieron de nosotras como habían hecho hasta entonces, muy cariñosos. «Ahora, a descansar», nos decían todos. Pobres, no se puede negar que tenían buenas intenciones, pero creo que hasta ellos sabían que no íbamos a poder descansar en mucho tiempo.

Intuía que se venían tiempos difíciles, como cuando duelen las articulaciones y sabes que va a cambiar el tiempo, pero pensé que estar por fin en casa ayudaría a que fuera más llevadero. Pues no. Hasta estar allí se hacía raro. El mundo se había convertido en un lugar extraño. Estaba descolocada e incómoda en todas partes, no sabía qué hacer. No encontraba mi sitio. Nunca lo había encontrado, pero ahora esa sensación se había multiplicado por millones. No quería hacer nada ni no hacer nada. No me apetecía existir. Solo quería que todo volviera a ser como antes, a la vida que conocía, pero seguían pasando las horas y eso no sucedía.

Seguía pensando en la urna. Me acordé de que mi abuelo se llevó la de mi abuela a casa y la tuvo meses con él. No quería deshacerse de ella, le tuvimos que insistir mucho. Fue entonces cuando compró el nicho. Pensé que al menos habíamos hecho bien en dejar la de Miguel ya allí, del tirón. Si no, habría sido imposible soltarla nunca. Bueno, una cosa bien hecha en tres días, por fin sube la media. Me perturbaba mucho no saber qué hacer, qué tocaba ahora. ¿Cuál es el plan? ¿Asimilar esto? No, eso no es factible ahora mismo. ¿Seguir simplemente viviendo? Se me hace demasiado raro. Tenía muchas preguntas y ninguna respuesta me servía.

Aunque ya no había ningún paso para seguir, mi cabeza seguía buscando tareas sencillas que resolver. Me acordé de que uno de los mejores amigos de Miguel, que estuvo el día 16 por la noche en casa y el 17 en el tanatorio, no había podido venir al entierro. Sabía que se tenían mucho cariño, así que quería saber cómo estaba. Su aspecto se parecía al mío, tenía la misma cara de póquer. Podía hacerme una idea de cómo se tendría que estar sintiendo. O no sintiendo, más bien. Le mandé un wasap: «Lo siento mucho. Espero que estés bien. Si necesitas algo, aquí estoy». Me contestó: «Muchas gracias, pero eso debería decírtelo yo». Un segundo. Es verdad. De pronto pude ver hasta qué punto mi cerebro estaba desconectado de la realidad. Le estaba dando el pésame a un amigo por la muerte de mi hermano. Me estaba ofreciendo como apoyo cuando se suponía que la que debería estar hundida era yo. Estaba tan alejada de la situación que ya no sabía no lo que tenía que hacer, sino quién era. Ahí entreví lo que se venía. No importaba que en ese momento no sintiera nada y no pudiera llorar, porque el tsunami que se acercaba era tan descomunal que me arrasaría en un momento u otro. Iba a ser imposible librarse de él. Era cuestión de tiempo. Me quedé un rato en silencio, mientras las dudas crecían más y se iban haciendo más serias, hasta que llegó la duda reina: ¿voy a poder sobrevivir al suicidio de mi hermano? En el mejor de los casos, coexistiría en una vida completamente distinta a la que conocía hasta ahora, totalmente en contra de mi voluntad. Entonces lo entendí. Entendí que esa urna me disgustaba tanto porque me decía que yo también estaba ahí dentro.

5—

EPT

El día 19 pasó muy despacio. Mi cabeza continuaba con sus principales actividades: darle vueltas a lo que había pasado y pensar chistes. Seguía bastante perpleja, barajando que fuera posible estar vivo y un segundo después no estarlo. Tampoco me entraba en la cabeza que se pudiera cambiar unas proporciones bastante generosas por un puñado de cenizas en cuestión de minutos. Mi voz interior no paraba de repetirme que mi hermano no estaba muerto y que mucho menos era esas cenizas. Después me dijo que, aunque no fuera esas cenizas, sí estaba bastante cenizo, porque llevaba tres días sin hablar.

Las leyes de la física me parecían un delirio, pero no tanto como lo que el mundo exterior pretendía hacerme creer: que la vida iba a seguir después de esos tres días.

Ahora, años después, al recordar esos momentos, creo que continuar viviendo tras la muerte de una de las personas más importantes de tu vida es uno de los mayores impulsos de supervivencia que puede haber. Pero no siempre lo vi así. Por aquel entonces, y durante años, lo percibí como un sinsentido. Lo más lógico era aceptar que mi vida también se había acabado. «Lo superarás, todo pasa», me empezó a repetir toda la gente a mi alrededor. Me sonaba a alguien aconsejándome que me atara al cuerpo una piedra de veinte kilos para nadar más rápido en mar abierto. ¡Si lo más coherente es justo lo contrario! Su vida se ha acabado y la mía también. Nada sigue. Todo se ha detenido por completo. Menos mal que al final no le pararon el mundo a Mafalda, lo habría pasado fatal.

Nunca había experimentado esta nueva forma de existir, y me parecía terrible. Todo lo que yo conocía se esfumó por completo de golpe, nunca mejor dicho, y no volvería jamás. Si ya me costaba aceptar los pequeños cambios, con lo cuadriculada que soy, eso era pasarse. Intentar vislumbrar el futuro, algo en lo que la mente humana es especialista, siempre da miedo, pero esto era lo más aterrador que había experimentado. Y eso que aún no podía sentir nada, era como si el miedo estuviera a un metro de mí, esperando a que me volviera a conectar con las emociones para metérseme dentro y quedarse a vivir ahí. Era desesperante estar así y más desapacible aún lo que se venía: tener el miedo como compañero de vida durante un tiempo indefinido.

Como la apatía ya se había apoderado de mí y hacía días que no me regía por decisiones lógicas, decidí ir, al menos para distraerme, al cumpleaños de mi amiga Mónica. Me pareció la mejor opción para un sábado por la tarde en el que no logras conectar con ningún sentimiento y no sabes de qué mierda va la vida ni por qué suceden las cosas tan horribles que suceden. Era la mejor decisión para dejar de pensar y encontrar refugio, que es lo que son mis amigas Pilar, Laura, Mónica, Pera, Marta y Lucía. Con ellas puedo ser exactamente quien soy, e incluso —cuando estamos juntas— descubro nuevas partes de mí de las que no soy consciente y que me encantan.

Nos conocemos desde los tres años. Después de todo este tiempo, me encanta decirles en broma que somos amigas por inercia, pero la verdad es que es un trabajo continuo. Mantener una relación durante tantos años y tan cruciales, en los que hemos sido personas tan distintas y hemos cambiado tanto, me hace sentirme orgullosa de nosotras. Es un tesoro. Nos merecemos una medalla o algún tipo de reconocimiento. Y más yo, que soy una persona distante que se mete en su burbuja muy fácilmente y se aleja de todo sin darse cuenta. Por suerte, ellas han estado ahí a pesar de aquello, y ahí siguen. Tengo pocas personas muy cercanas en mi vida, pero las que tengo son diamantes. Por mucho que parezca que las estás rayando permanecen inmutables, pase lo que pase. Son mi red de seguridad.

No creo que ese sábado hubiera querido ver a una persona *no diamante*. Como suponía, me distraje bastante estando con ellas, es algo que no se me va a olvidar y que siempre les agradeceré. Lo malo fue que, al llegar a casa, la pesadilla en la que vivía volvió a llamar a la puerta. Esa noche, al meterme en la cama, fue la primera vez que deseé desaparecer. A partir de entonces empecé una carrera inconsciente contra la vida para intentar escapar de la realidad por todos los medios posibles. Mucho tiempo y mucha energía después, entendí que no puedes escapar: solo puedes postergar lo que tiene que llegar inevitablemente. La forma menos tortuosa de que lo peor pase es armarse de valor y atravesar el tsunami para liberar el dolor lo más rápido posible y que, así, solo queden los efectos del impacto, que son de larga duración. Estos últimos se pueden ir sobrellevando poco a poco, aunque con bastante esfuerzo también. Pero todo esto no se hace cuando uno quiere, solo puedes empezar en el momento en que los síntomas aparezcan y seas capaz de procesarlos, que es algo que lleva un tiempo distinto a cada persona.

Sé que estas frases de *coaching* suenan muy bien y que la teoría siempre es fácil, pero ponerse a ello es otra historia. Yo misma me veía incapaz. Solo planteármelo ya suponía sentirme atrapada en un miedo desmedido que me paralizaba por completo. Me recuerda a *El señor de los anillos,* cuando están en las minas de Moria y Gandalf lee el libro de la cámara de Mazarbul: «Han tomado el puente y la segunda sala. Hemos atrancado las puertas, pero no podremos detenerlos por mucho tiempo. ¡El suelo tiembla! Tambores... Tambores en lo profundo. No podemos salir. Una sombra se mueve en la oscuridad. No podemos salir. Ya vienen...».

Por suerte, en este mundo todo es yin-yang, así que tenía esa amenaza de miedo destructor, pero mi cabeza seguía maquinando chistes. Probablemente ambos comportamientos estuvieran relacionados o uno fuera consecuencia del otro. Tengo mucho miedo de enfrentar lo que ha pasado, así que descarto intentar asimilar el dolor de un trauma tan grande y me quedo con la búsqueda de la fórmula perfecta para reírme de él. Exacto, a tope con eso. Esa siempre ha sido la vía de escape más importante que he utilizado desde pequeña para cualquier situación que me asustara o atormentara, y la única que recomiendo con conocimiento de causa de todas las que existen.

A los pocos días de la era d. M. (después de Miguel), estaba en mi habitación, que era la suya, con David, mi amigo desde que tengo uso de razón —empecé a tener uso de razón en 2010, cuando entré en la Universidad Rey Juan Carlos y me di cuenta de que había cometido un gran error.

Él me intentaba consolar, algo que me parece muy valiente en una situación así. En ese momento me sentí en casa, porque, casualmente, estaba en mi casa, y sobre todo porque estaba con él. Creo que David y yo hemos conseguido tener muchas veces un espacio de escucha libre de juicios que nos hace estar muy cómodos. Con él podía intentar sacar el dolor que tenía atrapado porque me sentía en mi zona de confort, aunque llevara sintiendo incómoda en este mundo unos cuantos días.

Me empezaron a caer lágrimas por la cara. ¡Qué alegría, por fin! Había conseguido que la olla a presión tuviera una válvula de escape. Al poco tiempo, me di cuenta de que era un llanto tímido, casi sin fuerza, fruto de haber vivido mucha tensión en los últimos días, de los nervios, del agotamiento. No había dolor, no había ni rastro de Miguel en esas lágrimas. Todavía no asimilaba que se hubiera ido para siempre, pero al menos sabía que mis glándulas lagrimales seguían funcionando. Me alegró saber que no se habían estropeado.

Yo lloraba y él también empezó a llorar. En mitad de esta tierna situación, hice lo que llevaba días haciendo en mi cabeza, bromas, pero en voz alta por primera vez. Le dije: «No entiendo nada, yo solo le estaba haciendo la merienda y en un segundo se había tirado por la ventana. No pensé que las tortitas estuvieran tan malas». Él se empezó a reír y yo empecé a llorar más porque sentía que podía desahogarme. También, por la emoción de estar compartiendo ese momento con él. Me aliviaba hacerle reír, era una compensación por el hecho de que él me estuviera intentando consolar. Seguimos un buen rato llorando y riendo a la vez; aunque parezcan emociones muy distintas, son como las *influencers*, cuando se juntan ya no sabes cuál es cuál.

No sé si llorábamos de risa o reíamos de tristeza, pero allí estábamos los dos, distribuyendo el dolor de tal manera que el comunismo nos tenía envidia. Esa tarde no se me va a olvidar nunca. Es uno de los recuerdos más dulces de los últimos años y, para mí, una perfecta definición de amistad: una imagen bonita en una situación muy fea.

Una vez leí que acompañar a la familia en los primeros momentos tras el fallecimiento es muy importante, pero que hacerlo después, cuando ya no hay gente, cuando todos han vuelto a su vida normal, cuando ya han pasado los primeros días y todo es silencio, lo es más aún. Parece que enfrentar una muerte es cuestión de dos o tres días y se acabó. Ya no hay que hablar del tema, es como si no hubiera pasado. Todo lo contrario. Yo tuve mucha suerte de contar con mi madre, mi hermana, mi tío y unos amigos maravillosos. Me da vértigo pensar qué habría pasado si me hubiera tocado vivir ese sufrimiento en soledad. Habría sido aún más insoportable.

Es muy difícil consolar y acompañar a alguien que ha perdido a un ser querido, no tenemos herramientas para hacerlo, nadie nos ha enseñado, pero eso no nos impide ayudar. Durante este tiempo, he contado con gente que ha podido consolarme de alguna manera porque hemos conectado en ese aspecto, y con otra, no tanto, pero valoro a todos por igual porque todos han estado ahí. Quién me iba a decir que solo unas semanas después de estar con Miguel en el Retiro yo sería él, y la gente-diamante que tengo en mi vida sería yo intentando ayudar. Me siento tremendamente afortunada por haber vivido las dos situaciones, y, aún más, por toda la gente que durante estos años me ha escoltado por el camino de piedras más afiladas que he pisado. Mi forma de agradecerlo es hacer lo que ellos han hecho conmigo: no soltarles la mano nunca e ir detrás si se lanzan al vacío. Aunque espero que nadie más se tire de ningún sitio.

Aún con el eco del golpe retumbando en nuestras vidas, tuvimos una misión importante y urgente los primeros días de la época d. M.: hacer la mudanza de su casa.

Otra vez leí que una mudanza es la segunda cosa más estresante que se puede experimentar, después de la muerte de un ser querido. Soy consciente de que, por desgracia, hay sucesos mucho más estresantes que cambiar de casa; entiendo que se refería a los que experimentamos todos en un momento u otro. Vaya suerte la mía, ¿no? Venid a restregarme vuestros billetes de lotería por la chepa, algo os cae seguro.

Miguel vivía en Torrejón, al lado de la base aérea donde trabajaba. Estaba en la Brigada Paracaidista. Hasta eso es irónico. Un paracaidista que se mata tirándose por la ventana. Se supone que era de los mejores, no quiero saber cómo serían los peores.

Viví aquella mudanza como un martirio. El casero nos había pedido, con respeto, pero también con apremio, que vaciáramos el piso cuanto antes. Fueron días muy largos de hacer cajas y de llevarlas a nuestra casa. No sé cuántos viajes hicimos, pero me parece más que razonable catalogarlo como tortura. Era tan estresante que mi cerebro paró de hacer chistes. Solo me brindaba mal humor y odio generalizado. Estaba completamente amargada, y acumulaba rencor hacia la vida por seguir castigándome sin sentido. Creo que era la peor compañía hasta para mí misma, pero no paré de recoger sus cosas ni un día. Pensaba en María y en mi madre. Quería evitarles el sufrimiento de hacer la mudanza de alguien que no va a vivir en ningún sitio nunca más. Yo fui todos los días y ellas se turnaron. Supongo que sentirme responsable de todo y querer asumir cualquier trabajo que hubiera que hacer para pensar ilusamente que tenía el control de la situación tuvo algo que ver con mi comportamiento. Ahora pienso en aquella mudanza y me dan escalofríos y arcadas. De verdad, no es una metáfora. Me impresiona muchísimo todo lo que el cuerpo es capaz de soportar, y que a la vez sea tan frágil. Me iba a dar una palmada en la espalda como reconocimiento, pero no me quiero hacer un moratón. Recoger las pertenencias de alguien a quien quieres tanto con el pensamiento de que ya no las va a volver a usar es inhumano. No se lo deseo ni a las malas personas.

Recuerdo que estábamos terminando de recoger su casa, limpiando con la puerta de la calle abierta para intentar inútilmente combatir el calor del verano en Madrid, cuando pasó una vecina y se asomó. Dijo que hacía mucho que no veía a Miguel y preguntó dónde estaba. Así, de primeras. No me gusta dar información a los conocidos, así que a los desconocidos procuro no darles ni la hora. Abogo por una total intolerancia a la indiscreción.

No puedo explicar el nivel de alegría y satisfacción que me provocó ese interés repentino de la señora anónima. Acababa de perder a mi hermano de una forma terrible y tenía que recoger todas sus cosas. Llevaba días metida en una pesadilla de la que intuía que no iba a ser nada fácil salir. Lo único que deseaba era desaparecer. Me había callado mil cosas que llevaba queriendo decir desde el 16 de junio. Me tocó la fibra del cotilleo, para la que dispongo de una paciencia en negativo. Le dediqué un gesto de odio, pero no dije nada más. María le dijo que había fallecido. La respuesta que a cualquiera le habría bastado para ser prudente y callarse la boca a la ignota señora no le sirvió. Ella quería más y preguntó qué le había pasado, que si había sido un accidente de coche. Mi paciencia alcanzó niveles peligrosamente tóxicos y me fue imposible controlarme.

«Me parece de mala educación y de mal gusto, si le hemos dicho que ha fallecido, que siga preguntando, cuando está claro que no tenemos ganas de hablar», le solté.

Ya ha pasado bastante tiempo de aquel momento. He tenido espacio para reflexionar y, después de pensarlo mucho, quiero decir que, desde aquí, la mando a la mierda otra vez. Hacer un chiste en ese momento, aunque fuéramos dos desconocidas sin ninguna confianza, habría sido más apropiado. A pesar de ese comportamiento, la señora anónima ocupaba el segundo puesto en la escala de gente a la que hubiera agredido aquellos días. El primero lo ocupaban unas chicas que estaban al otro lado de la calle haciendo fotos al cadáver de mi hermano la tarde que falleció. Del grito que les pegué se fueron corriendo, y encima ni me etiquetaron en la foto. Podrían haber puesto «tardecita de muerte» o algo así. Qué manera de desaprovechar un *hashtag* que iba a conseguir muchos me gusta.

Más allá de que esté bien o mal cómo me comporté cuando espanté a aquella señora, me empecé a sentir otra persona. Probablemente ya lo era desde el día 16, pero ni lo había notado. Ahora empezaba a vislumbrar que no era yo. No me reconocía. Era como una versión desquiciada de mí. Como si, en vez de estar premenstrual una vez al mes, tuviera la regla cuarenta y cinco veces al día. A partir de entonces estuve enfadándome por tonterías, reaccionando mal sin ninguna justificación y totalmente amargada las veinticuatro horas del día. Ahora entiendo que era la respuesta más lógica que podía dar a haber perdido a mi persona favorita y, como suele decir mi madre: «Bastante bien estábamos para lo que nos había tocado vivir».

Tengo lagunas mentales de los meses siguientes. Era como si estuviera en el mundo solo de cuerpo presente. No recuerdo muchas cosas, pero lo que no se me ha olvidado es cómo empecé a ver la vida y las relaciones humanas. Fue como un despertar. Me acuerdo de hablar con una amiga que se quejaba de que su novio había hecho algo mal y habían discutido por eso. Puse el piloto automático y dejé de escuchar. Me quedé parada en el concepto de que se hubiera peleado con su novio por lo que a mí me parecía una completa tontería. A ella le parecía algo muy grave, pero yo era incapaz de ver algo importante en aquella situación. No merecía ni una pizca de mi atención; era como si me hablara en otro idioma. «Mi hermano se ha muerto, no me importa tu bronca sin sentido».

«Qué más me da que os hayáis peleado, dentro de un minuto podríamos estar todos muertos. No entiendo cómo te puede preocupar una simple discusión que se arreglaría fácilmente si ambos os mirarais desde otra perspectiva. Aprovecha que lo puedes reparar porque aún puedes hablar con él. Agradece que está vivo». Eso es lo que quise decirle, pero no lo hice. No merecía la pena intentar hacerle entender cómo veía yo las cosas en ese momento, porque la realidad es subjetiva y ella tenía otras gafas puestas para ver la vida. Las mías habían chocado contra el suelo y se habían roto, así que percibía todo de manera diferente. Me había dado cuenta de que había estado viendo la vida con unas lentes que no eran adecuadas y que ni siquiera necesitaba. Pero era mi caso, mi escenario. No puedes trasladarle tu forma concreta de ver a alguien con unas circunstancias completamente distintas. Dejé que siguiera entretenida en su preocupación por tonterías, mientras me sentía más y más despegada de su realidad. Le empecé a dejar de ver sentido a preocuparse por la mayoría de las cosas que antes me suponían verdaderos quebraderos de cabeza. Lo único que me preocupaba era estar viva para que mi familia no se llevara más disgustos. No existen milésimas de céntimos, pero, aun así, tampoco servirían para explicar lo poco que valían para mí en ese momento los problemas que en otro tiempo me habrían ahogado. Me di cuenta de que vivimos con una visión de túnel incapacitante, que nos estresamos por cosas que no deberían hacernos ni fruncir el ceño. Caminamos mirando el suelo lleno de barro y lamentándonos de que esté así cuando tenemos una mina de oro enfrente que no entra en nuestro campo de visión porque no miramos más allá. Estamos vivos, es lo único que importa. «Todo tiene solución, menos la muerte» ha sido el mantra que me ha repetido mi madre siempre, cada vez que me he ahogado en un vaso de agua. Esa frase empezó a cobrar vida, paradójicamente. Desde que era pequeña, me ha calmado y me ha servido para ver las cosas desde otra perspectiva. Era un leve estiramiento de mi mente rígida porque, al pensar que nadie había muerto por ese problema, no me parecía tan grave. Ahora cualquier conflicto me parecía digno de jardín de infancia, porque la muerte de Miguel no tenía solución.

Seguí dándole vueltas a la cabeza. Me dio la sensación de que la vida en general sufre de inflación. Nos parece que todo vale más que su valor real. Le damos un peso demasiado grande a cosas que, si las miras de cerca, se deshacen. Si vivimos engañados de esa manera, ¿de verdad importa tanto tener, a toda costa, estatus, pareja, propiedades, y dejarse la salud intentando ganar dinero? ¿Qué importancia tiene ser la más guapa, aparentar que todo te va bien, estar por encima de los demás, tener razón? Me parecían tan irrelevantes todas las preocupaciones humanas... Eran minucias. Vivimos enfocados en auténticas estupideces mientras pasa un tiempo que no vuelve. Que el tiempo pase significa que la gente se muere y que no vas a poder compartir más momentos con esas personas en esta vida. Hay que avisar de esta gran estafa a los millones de humanos que estamos en el planeta. Que alguien busque *influencers* en algún barco. Van a cobrar por decir esa verdad, pero casi todo el mundo les hará caso.

Llegué a la conclusión de que la vida es un videojuego. Si lo que antes se me antojaban problemas tan reales ahora me parecen insignificantes, la única explicación es que, en realidad, son ilusiones. En aquellos días nada me parecía verdadero. Lo único que tenía claro es que acababa de perder una partida muy importante, pero no sabía qué había hecho mal. Me empecé a plantear si todo este mundo es una mentira. Le di tantas vueltas al hecho de que nada tuviera sentido que llegué al punto de pensar que no tenía sentido que la vida tuviera sentido. No lo tenía, ese era el secreto. No había más.

Apliqué el principio de la navaja de Ockham. Tengo muchísimas preguntas que aparentemente tienen una respuesta muy complicada y, para obtenerla, parece que es necesario un esfuerzo infinito, así que lo más sencillo es que no haya respuesta. Eso se me hacía lógico, lograba que mi mente se calmara. Lo malo de esa explicación es que lo que conllevaba era mucho peor que darle vueltas al sentido de la vida. Si la vida no tiene sentido, ¿por qué estoy aquí? Y si no tiene sentido que esté aquí, ¿por qué voy a seguir? ¿Por qué me voy a esforzar y sufrir? ¿Para nada? No, lo siento, yo funciono con la técnica de la recompensa. Si no hay, no me interesa participar. Una voz aguda y burlona en mi cabeza decía: «La recompensa es estar con tus seres queridos, dar y recibir amor». «Señora —me decía yo a mí misma—, uno de mis seres más queridos se ha marchado para siempre, usted no me la cuela». ¿Quién me asegura que cualquiera de los que me quedan no se marchará mañana? No quiero vivir bajo una amenaza constante. Es más, está claro que se van a ir, solo es cuestión de tiempo. Lo siento, pero si este videojuego no tiene sentido ni recompensa, no me interesa.

Dejé de tener ilusión por las cosas. Era una doble decepción, la de la gran pérdida y la de que la vida no tuviera sentido. No había por dónde escapar.

En ese punto de mi vida, andaba buscando respuestas a estar en este mundo porque ya me sentía bastante perdida antes de junio de 2016. Siempre me he planteado muchas de estas cuestiones, he pasado años investigando y barajando hipótesis. Nunca me he cerrado a nada por muy loco que sonara y creo que eso es lo que me ha permitido encontrar una explicación que me da paz. Me parece que es lo que deberíamos hacer todos los que no estamos a gusto aceptando un sinsentido, o a los que la existencia nos provoca ansiedad. Yo prefiero tener una explicación que me calme a admitir que estamos aquí de rebote y que cuando morimos se acaba todo para siempre. Cada vez que tengo una conversación de este tipo con alguien, lo que no ocurre muy a menudo, le animo a que encuentre la explicación que le deje dormir por las noches. La que sea, a cada uno nos vale una distinta, lo único importante es eso, que sirva. Mi calidad de vida cambió radicalmente cuando encontré una respuesta que me animaba en vez de deprimirme más, tiempo después. Solo espero que para encontrarla no haga falta pasar por algo tan traumático.

Había leído muchos libros, pero el que más me llamó la atención fue *Un curso de milagros*, de Helen Schucman.[1] Aunque al principio no lo entendí mucho, algo me decía que ahí había muchas respuestas que me interesaban. Y así fue. Cada vez que lo volvía a leer lo comprendía más y todo cobraba más sentido. Seguía perdida, pero creía que en algún momento vería la luz al final del túnel. Pensaba que pronto me encontraría y encontraría lo que quería hacer con mi vida. Hasta que pasó el *incidente imprevisto,* y no es que me hiciera retroceder, es que me puso en un punto en el que nunca había estado. Parece que la vida dijo: «¿Crees que te sientes perdida y no le ves sentido a nada? Agárrame el cubata». Me disipó las ganas de seguir buscando. Me rendí, y eso era peor que no haber encontrado aún una explicación que me dejara dormir por las noches. «La esperanza es lo último que se pierde»,

1. Helen Schucman, *A course in miracles. Text; Workbook for Students; Manual for Teachers*, for Inner Peace, Estados Unidos, 2015.

también me ha dicho mi madre siempre. Pues la había perdido, así que estaba en las últimas. Más bien me la habían quitado. La vida me la robó con una hostia tan grande que los vascos tomaron apuntes, y no me di ni cuenta del robo hasta tiempo después, cuando traté de quejarme al árbitro de la vida y vi que no servía de nada. Porque no existe un árbitro de la vida.

Cuando pierdes la esperanza, la existencia pasa de gris a negro. Es la oscuridad completa, como si vivieras sin ver el sol. Opaca hasta las experiencias más bonitas, porque no eres capaz de apreciarlas. Así manchó lo mejor que me sucede cada año: las vacaciones con mi familia.

El 16 de junio no teníamos nada reservado porque no solemos planificar con mucha antelación. Quién sabe lo que puede pasar, igual nos sale trabajo, igual vemos otra oferta mejor o igual Miguel se tira por la ventana. Solo habíamos planeado algo vagamente cuando estábamos en el hospital con él. Nos dijo que quería venir con nosotras unos días, le hacía mucha ilusión. Ahora que él no estaba para viajes, no sabíamos qué hacer, porque nosotras tampoco teníamos ganas de nada. Estábamos las tres igual de apáticas e indecisas. Suerte que nos teníamos las unas a las otras, y así nos ayudábamos a decidir.

De la misma forma en que los días que pasó todo yo no daba una, semanas después empecé a acertar con las decisiones. La mejor que tomamos fue irnos de vacaciones. Yo creía que a María y a mamá les haría bien, ellas pensaban lo mismo de las otras dos, así que todas de acuerdo. Lo que estaba claro es que necesitábamos intentar desconectar, aunque no lo lográsemos. En esa decisión había algo de esperanza. Cogimos una casa aislada en un pueblo de la costa de Granada, en un acantilado, con el mar debajo. Aún me acuerdo de la sensación de paz y agradecimiento por estar allí. Esa casa tenía todo lo que me gusta en la vida: vistas preciosas, mucho espacio y dos perras que la vigilaban, porque no había nadie alrededor.

Eso era lo que más me gustaba. Sin rastro de civilización en varios kilómetros a la redonda, había una sensación de paz exterior muy agradable. La interior seguía dando error 404, pero al menos nadie iba a estar cuestionando si me había afectado lo que había pasado porque no llorara, o qué le había pasado a Miguel para llegar a hacer eso, «si parecía un chico muy feliz», como me preguntó sin venir a cuento una conocida con la que hacía años que no hablaba.

La tranquilidad del exterior dio pie a hablar de lo que sentíamos y de lo que había pasado. *A priori* es algo que no apetece mucho, pero desde el principio lo hicimos. Normalizamos hablar de ello, cosa que nos ha ayudado mucho. Cuando no era una era la otra. Cada una a su tiempo, porque no todos los duelos van a la misma velocidad ni recorren los mismos pasos. Son duelos hermanos que conviven juntos, que se parecen, pero a la vez son diferentes, como las personas que los sufren. Cada luto tiene su personalidad. Cuando uno está en la fase relajada, viene el que está en la fase más depresiva a joderle la fiesta, y puede llegar a ser una combinación explosiva. Tú querías mantita y peli, pero te toca fiesta en una discoteca cuya entrada cuesta veinte euros, hasta las seis de la mañana, con la música que detestas, porque tu amiga está pasando por un mal momento y hay que animarla.

Eso tampoco se enseña en ningún lado. A manejar tu dolor a la vez que ayudas a los de tu alrededor a sobrellevar el suyo. Nos hemos ayudado las tres, pero creo que ha sido mi madre la que más nos ha empujado para levantarnos o, al menos, para no seguir cayendo en el hoyo. Me sorprende mucho que ella haya sido nuestra guía, con todo lo que ha tenido que sufrir. A mí se me murió mi hermano del alma, pero a ella se le murió su hijo del alma. Supongo que lo que ha hecho, una vez más, es ser buena madre.

En nuestras primeras vacaciones d. M. tuvo que tirar especialmente de mí. Una de las primeras noches que pasamos allí soñé con él y, por primera vez, no fue una pesadilla violenta en la que él estaba muy mal y necesitaba ayuda. Hasta entonces se había repetido la escena en el pasillo de casa, cuando llegó el 23 de mayo, de mil maneras diferentes. No había salido de ahí. Quizá cambiar de aires hizo que pudiera escapar temporalmente de ese bucle. Aquella vez soñé con Miguel, pero sabía que se había ido. Era de noche, salía al porche de la casa donde estábamos y le veía de espaldas, mirando al mar. Iba corriendo hacia él, feliz de que hubiera venido. Según me acercaba, él se iba girando, de manera que me era imposible verle la cara. Ahí me dejó de gustar el sueño. Era como si no pudiera acceder a él. Como si estuviera, pero no en este plano. No nos podíamos comunicar, yo le hablaba, pero no me contestaba. Le pedía que me dijera algo, pero solo había silencio. Pensaba que estaba enfadado. Creía que se giraba para que no pudiera verlo como venganza porque yo no había hecho nada para que regresara. Entendí que él quería volver, pero no sabía cómo hacerlo, así que esperaba que yo hubiera hecho algo. Como eso no había pasado, estaba defraudado y no quería hablar conmigo. Me empecé a angustiar. Intentaba decirle que no sabía qué hacer, que yo también quería que volviera. Quería gritarle que le estaba esperando, que todo se había parado desde que se fue y no pensaba arrancar hasta que todo volviera a ser como antes. Le intentaba hablar mientras seguía dando vueltas a su alrededor, sin lograr verle el rostro. Parecía la luna. Por más que me moviera, iba a ser imposible ver la cara oculta desde ningún ángulo. Me desperté por el agobio. Analicé el sueño y pensé que, simplemente, era un reflejo de la realidad. Miguel me resultaba inaccesible y eso me frustraba mucho porque deseaba con todo mi corazón volver a verle y hablar con él. Esa explicación me parecía lógica, pero mi mente insistió en que había otra. Entonces, se alió con la culpa que sentía por lo que había pasado. Eso y el hecho de que fuera un sueño distinto a los que venía teniendo me convencieron de que había sido real. Miguel estaba enfadado porque no sabía cómo volver y nosotras no le traíamos de vuelta. Sentí el desasosiego de que hubiera dejado todo a medias, de no haberse despedido de nadie, de no saber que se estaba quitando la vida y que nunca más volveríamos a estar juntos. Pero ahora sabía lo que había pasado y quería enmendarlo.

Me sentía completamente bloqueada e inútil, con un solo deseo. Le recé a Dios para prometerle que, si le traía de vuelta, no volvería a pedir nada más, en la vida. Juré no tener más deseos. Renuncié a ser humana. Y, por supuesto, también prometí no contárselo a nadie. Ya había elaborado el plan: lo escondería debajo de la cama para siempre, como pensé hacer con mi perro Tete.

Hice un discurso digno de una entrega de premios, porque, claro, me estaba dirigiendo a Dios. Cerré los ojos y esperé unos segundos de cortesía, el margen que se suele dejar cuando pides algo con muchas ganas y se te tiene que conceder instantáneamente. Pasaron los minutos, pero nada más. Seguía con los ojos cerrados para no interrumpir la manifestación divina. Lo siguiente que recuerdo es despertarme con la luz del día. Miré el reloj y vi que habían pasado horas desde que hice el trato con Dios, pero seguía sin haber ni rastro de Miguel. Solo estaba yo con mi impotencia, porque «todo tiene solución, menos la muerte».

El pensamiento de que Miguel estaba enfadado conmigo me persiguió durante los siguientes días, lo que hizo que la culpa se multiplicara. Pensé que no podía sentir más, pero me equivocaba. La culpa es «la última y nos vamos» de los sentimientos. «No le pude salvar y ahora tampoco le puedo traer de vuelta. Vaya mierda de hermana», pensaba. De verdad creía que podía hacerle regresar, pero no lo estaba haciendo lo suficientemente bien. No me estaba esforzando lo bastante. Lo que sí se ha hecho bastante bien es forjarnos a fuego la cultura del sobresfuerzo desde que nacemos, hasta el punto de hacernos creer que podemos devolver a un muerto a la vida.

Me empecé a sentir aún más inútil de lo que me había sentido siempre. Desde que tengo uso de razón, he pensado que no valía para nada, así que, cuando fallé en la tarea autoimpuesta de resucitar a Miguel, ese sentimiento cobró una nueva dimensión. ¿Cómo voy a ser *suficiente* si no puedo devolverle la vida a mi hermano?

Esta nueva culpa empeoró mi estado. Seguía desquiciada y amargada. Pensé que se pasaría con el tiempo, pero había ido en aumento. A pesar de estar de vacaciones en el paraíso, recuerdo estar metida en la cama y no querer salir. No me apetecía ir a la playa, ni dar un paseo, ni coger el coche, ni ir a comprar, ni ducharme. No quería ni respirar. La existencia se me hacía demasiado pesada. Creía que me había roto por dentro y que nunca iba a ser la misma. Seguía sintiendo un vacío enorme, como si estuviera hueca. Parecía que tenía una grieta en mi interior. La sentía, literalmente. Puedo hasta ubicarla, en medio del pecho.

Aún sigue ahí, en forma de cicatriz. Aunque ahora es menos intensa, se percibe su presencia constante.

Notaba todo el sufrimiento encapsulado. Lo que los primeros días sentía como un nudo ahora era una herida cerrada. El dolor latía dentro muy fuerte. No lo estaba experimentando, pero podía distinguir que estaba ahí. También sabía que debía sacarlo en algún momento, algo que me seguía dando mucho miedo. Me autoconvencía de que no tenía que hacer nada con él porque no había salido a la superficie. «Tranqui, esa herida se va a disolver sin que muevas un dedo. Seguro que un día te despiertas y el abismo interior se ha ido de golpe, como vino. Desparecerá por arte de magia, ya verás», me decía a mí misma.

Mi madre intentaba, con toda la paciencia del mundo, que hiciera algo para mejorar mi ánimo. En los pocos momentos en que era consciente de sus esfuerzos, yo hacía los míos, pero tampoco eran suficientes. La resistencia que me tenía en ese estado era más fuerte que yo. Por más que quisiera, no lo podía cambiar, no estaba en mi mano. Estaba irritable, alerta, y me daban arrebatos de ira bastante a menudo. El mundo me parecía un lugar hostil y demasiado peligroso. En mi cabeza solo existían, a diario, potenciales escenarios de sucesos terribles que le iban a pasar a la gente que más apreciaba. Pensaba que iban a tener accidentes por cualquier cosa. Ya no solo las ventanas eran el enemigo, todo podía serlo. Esa clase de pensamientos hizo que tuviera insomnio. A esto se sumaba el miedo a dormir que empecé a tener en el tanatorio y que iba a más, por si tenía pesadillas o por si volvía a encontrarme a Miguel enfadado.

La situación era bastante insostenible, pero aun así seguía esforzándome. Como no mejoraba, me sentía más y más inútil. Por una parte, pensaba que no me esmeraba lo suficiente y, por otra, hacer cualquier tarea cotidiana suponía un esfuerzo titánico.

Recuerdo el momento exacto en el que fui consciente de que me pasaba algo grave. María nos dijo que se iba a la playa que había debajo de la casa. Al oír la noticia, mi cabeza empezó a relatar todo lo que le podía pasar: que se cayese por el camino, que se golpease la cabeza y se matase, que se ahogase al bañarse, que le diese un golpe de calor y, lo que más miedo me daba, que alguien le hiciese daño. La playa era una cala de rocas pequeña con un acceso un poco complicado, así que era bastante solitaria. De vez en cuando, pasaba alguien por allí, pero pocas veces. Eso me hacía creer ciegamente que alguien aprovecharía para violarla y matarla. Estaba convencida. «Ya está, me quedo sin hermana también —me repetía en bucle—. Despídete de ella porque no la vas a volver a ver».

No podía pensar en nada con coherencia. En ese momento mi cuerpo no era un sesenta por ciento de agua, era un cien por cien de miedo. No sabía qué hacer para que desistiera de su idea, porque mi madre y María no paraban de repetir que no pasaba nada. Me parecían unas inconscientes, no se daban cuenta de que iba a suceder algo terrible y yo no iba a poder evitarlo. Empecé a gritar como una loca. Me dolía la garganta, pero seguí gritando.

María se fue en mitad de mis gritos, enfadada, sin entender el arrebato de enajenación que me estaba dando. Mi madre también se fue de donde estábamos, en silencio. Me quedé sola, observando los pasos que mi cabeza me iba detallando: se ha ido, va a estar un rato fuera, no vais a saber nada de ella en todo este tiempo y, al cabo de unas horas, aparecerá el cadáver.

Me sentía tan torturada y tan culpable por la muerte de María que no lo pude soportar más. Busqué a mi madre y le dije lo que pensaba. Lo verbalicé. Ella trató de calmarme y hacerme entender que no pasaba nada, que no había peligro. Eso puso en pausa, de golpe, el pensamiento catastrofista y automático que mi cabeza sufría. Mi madre, que es la mujer más prudente que conozco, dice que está todo bien. No lo entendía; si ella no tenía miedo, ¿podría ser que de verdad no hubiera peligro? La amenaza parecía tan real que tuve que hacer un esfuerzo muy grande por observar la situación desde fuera. Me di cuenta de que mis pensamientos no eran muy racionales, lo que me hizo sentir mucha vergüenza. «Puede que me haya sobrepasado otra vez. Probablemente he sobredimensionado el peligro real de nuevo, como me lleva pasando semanas». Seguía sin reconocerme. No era yo. No sabía qué había pasado conmigo. Siempre había tenido bastante miedo al peligro, pero esto me bloqueaba por completo y me impedía hacer vida normal. Parecía que una versión aterrada y malhumorada de Carmen se hubiera apoderado de mí.

Como no entendía qué me pasaba, hice lo que cualquier ser humano hace en estos casos, acudir a Google. En décimas de segundo, me salieron miles de resultados con las mismas palabras en mayúsculas: ESTRÉS POSTRAUMÁTICO. De primeras me pareció un nombre increíble para un disco. Un EP que se llame EPT. Después pensé que no era lo que me pasaba. «No, hombre, yo no tengo de eso. Eso suena superfuerte, le pasa a gente que vive cosas horribles. Ah, un momento... Sí, puede ser». Ni siquiera tenía catalogada la muerte de Miguel como «cosa horrible». Una señal bastante grande de todo el trabajo que tenía por delante.

Leí los síntomas y fui haciendo *check* uno a uno: reviviscencias de lo ocurrido, estar emocionalmente insensible, sobresaltarse fácilmente, mantenerse alerta, sentir angustia, miedo, tener pesadillas, pensamientos incontrolables, ansiedad, desesperanza por el futuro, sentirse distanciada de los demás, insomnio, falta de emociones positivas, tristeza profunda, irritabilidad y ataques de rabia, sentimientos de culpa y vergüenza, conductas autodestructivas... Nunca fui buena jugando a Pokémon, pero aquí me pude resarcir. Los tenía todos. Bueno, no. Los tuve todos, pero no a la vez. El último tardó en llegar, por eso me costó darme cuenta de que estaba ahí.

Se me hacía muy raro aceptar que tenía estrés postraumático, me seguía sonando muy fuerte; pero también estaba aliviada. Al menos ya tenía una explicación más amplia que la que me había dado a mí misma de que me había roto.

Odio las etiquetas, pero en este caso me vino muy bien ser ordenada. A menudo me dicen que parezco asiática, así que igual soy la *doppelgänger* mental de Marie Kondo.

A pesar de ser las más agridulces que recuerdo, las vacaciones nos hicieron mucho bien. Estuvimos lo mejor que pudimos, dadas nuestras condiciones.

Al volver, hasta a mí me empezó a parecer poco creíble que la grieta interior y mi estado de ánimo fuesen a mejorar solos. Intentar retomar la rutina sabiendo que tenía estrés postraumático me provocaba justamente eso, más estrés. Me sentía responsable de mejorar mi ánimo, pero seguía sin encontrar las fuerzas para hacerlo en esos momentos, así que me agarré a lo más cómodo para procrastinar y no enfrentarme a la realidad: el victimismo. Tenía la excusa perfecta para estar en el pozo inmóvil y no verme en la obligación de hacer nada para mejorar. Me refugié en la excusa de que me había pasado algo tan grave que era muy difícil de superar. Me sentía una diana de las injusticias. Estaba muy enfadada con la vida, con Dios o con quien se pusiera un título semejante. Por supuesto, no volví a hablar con él y mucho menos a pedirle nada. Nunca había creído ni había dejado de creer, pero entonces di por hecho que no existía, y que, si existía, no me interesaba saber nada de él. Quería hacerle el mismo *ghosting* que él a mí cuando le pedí un Frankenstein de Miguel. Es más, me convencí de que no era que él no hubiera cumplido mi deseo, era que yo no le quería volver a hablar.

Al poco de estar en casa de nuevo, recibimos el informe de la autopsia. Pasaron días sin que me acercara a él, me impuse mi propia orden de alejamiento. No me importaba ver sus cosas en casa a diario, al contrario, quería verlas y tenerlas todas. Incluso guardé en mi armario una de las últimas camisetas que se puso porque olía a él. Cada vez que la veía, la olía y sentía que estaba ahí de alguna manera. Literalmente, una mínima parte de él estaba ahí, así que no me parecía tan descabellado. Pero el informe de la autopsia no podía verlo. Había algo que me lo impedía. Un papel oficial que detallaba cómo había muerto era algo muy serio y escalofriante. Me daba *yuyu*. Es gracioso que lo que más aprensión me provocara fuera un papel, pero tiene sentido, porque la burocracia siempre da miedo.

Con el informe de la autopsia empezamos a tener un debate en casa. Quizá deberíamos hacer algo con lo que había pasado. Teníamos las vacaciones detrás, no estábamos actuando en caliente y no queríamos venganza. Solo queríamos justicia, no para Miguel, porque ya no se podía hacer nada, pero sí para futuros pacientes del doctor No Pasa Nada. Entonces me entraron ganas de ir y preguntarle: «¿Ahora tampoco pasa nada?». Menos mal que no fuimos. No sentía mucha rabia contra él en ese momento, porque mi enemiga era la existencia en sí, pero creo que habría tenido ganas de pegarle si le hubiera visto.

Le dimos muchas vueltas al asunto, hasta que llegamos a la conclusión de que debíamos hacer algo. Busqué a los mejores abogados especializados en salud mental de Madrid y, desgraciadamente, no salieron muchos nombres. En realidad, me habría sorprendido que los hubiera, cuando la salud mental es la salud más denostada de todas. Pensé que el primer abogado de la corta lista estaría forrado, y cuál fue nuestra sorpresa al saber que había sido el defensor durante catorce años de la clínica donde estuvo Miguel ingresado. Nos contó que, durante todo ese tiempo, la clínica no había perdido ningún juicio. Pensé que era muy buen abogado y que, efectivamente, estaría forrado.

El letrado experto en no perder casos nos dijo que la vía civil era la única en la que podríamos ganar. Por la vía penal no íbamos a conseguir nada porque el castigo sería la cárcel, y el psiquiatra tendría que haber matado con sus propias manos a Miguel delante del juez para que en España un magistrado enviara a prisión a un médico por negligencia. Esos errores se compensan pagando. Una cosa más que no tenía sentido: hacer justicia significaba ponerle precio a una vida. Me pareció más descabellado todavía que hubiera una forma de calcular cuánto vale cada vida. La de Miguel costaba mucho, porque tenía veintiséis años. Ya que estábamos en esa espiral delirante, quise añadir el agravante de que era muy guapo, pero al parecer eso no aumentaba el precio.

Nosotras no pretendíamos conseguir dinero por la vida perdida de Miguel y la cárcel nos sonaba demasiado fuerte. Lo único que queríamos era que reconocieran que el médico y el seguro actuaron mal, que Miguel tenía que haber estado ingresado más tiempo y haber tenido un seguimiento más profundo, y que decirle que buscara a un psiquiatra de su seguro para que le viera unas semanas después, teniendo un brote que se le repetía, sin diagnóstico y sin tratamiento, fue una negligencia muy grande que no se podía repetir.

Precisamente hablando de esto, el abogado nos dijo que leyéramos la póliza del Negocio médico, porque era muy raro que le hubieran dado el alta en esa situación. La leí a conciencia. Incluía únicamente cuatro semanas de ingreso hospitalario al año. Era junio y llevaba tres semanas en la clínica. Por pura estadística, tenían que dejar unos días libres por si en los seis meses restantes del año le pasaba algo. Era la única forma de que salieran las cuentas, y, tratándose de medicina privada, ya sabemos que todo es cuestión de números. Después de hablar con el abogado, decidimos demandar al médico y al seguro. Iba a ser un proceso muy largo y doloroso, pero estábamos juntas y convencidas de que era lo que teníamos que hacer.

Con ese cabo atado, volví a pensar en el informe de la autopsia, pero con cierta intriga. Seguía sin saber qué había pasado exactamente, lo que para mi lóbulo frontal era un gran problema. No paraba de hacer preguntas. Intentaba aplacar su curiosidad con mis propias explicaciones. Me imaginaba que se había reventado por dentro, que los órganos habrían estallado por el golpe. No tenía ninguna certeza al respecto, así que mi cerebro insistía en conocer la versión oficial. Pensaba en el dicho de que la curiosidad mató al gato, lo que me hacía tenerle aún más respeto al informe, pero también pensaba que probablemente las ventanas habrían matado a más gatos y yo estaba teniendo mucho interés en saber cómo lo hacían.

Cogí el informe y me senté antes de abrirlo. He visto muchas películas, así que sabía que era lo mejor. Lo mejor para que pareciera una película..., siempre queda bien un toque dramático. Empecé a leerlo con una calma que apenas me duró dos segundos. No entendía nada, así que fui a la parte importante. Causa de la muerte: *shock* hipovolémico. Me quedé igual que estaba. De nuevo tocaba acudir a Google, nuestro salvador. Según MedlinePlus, es: «Una afección de emergencia en la cual la pérdida grave de sangre o de otro líquido hace que el corazón sea incapaz de bombear suficiente sangre al cuerpo. Este tipo de *shock* puede hacer que muchos órganos dejen de funcionar». No entendía nada. ¿Cómo iba a haberse desangrado si casi no había sangre en el suelo y era solo en la parte de la cabeza? ¡Ah!, se referirá a una hemorragia interna. Pero que hubiese muerto así significaría que había estado vivo, por lo menos, unos segundos. Entonces, ¿estaba en coma, como yo pensaba? ¿Este maldito informe me está diciendo que, si hubiera estado más atenta y hubiera bajado antes, le habría podido decir algo? No, no me gusta ese dictamen, porque me hace sentir aún más culpable. Me niego a pensar que eso fue lo que pasó. Prefiero quedarme con mi versión, la de que los órganos estallaron; me parece más épica. O lo de que le dio un infarto y murió antes de tocar el suelo. Un infarto por los aires suena muy heroico también. No, nada de *shock*. *Shock* es lo que tengo yo. Yo sí que he perdido el líquido que necesitan las emociones para funcionar y se han parado. Pero eso no es causa de fallecimiento, porque soy una muerta viviente.

Justo lo que no consigo que sea Miguel.

6—

¿ME HE VUELTO LOCA?

La incomodidad que empecé a sentir el día 16 era como mi mal humor: no hacía más que crecer. El profundo sentimiento de extrañeza y el vacío ocupaban cada vez más espacio dentro de mí. Estaba desconectada de la vida. Como si ella y yo fuéramos dos entes totalmente incompatibles, cuyos caminos seguían líneas paralelas que nunca iban a converger. No sentía que la vida me contuviera, sentía que estaba fuera de ella y que no podía volver, pero tampoco me importaba.

A veces, esa sensación lo abarcaba todo y solo podía detenerme a pensar en su magnitud. Me habían sacado de mi realidad para meterme en otra nueva, que me parecía una auténtica basura. Desde entonces, tengo claro que no siempre es bueno salir de tu zona de confort.

En esta nueva realidad sabía andar, hablar y razonar, pero tuve que aprender a hacer muchas cosas desde cero. Fue un choque duro. Me costó meses asimilar algunas cosas, y años aprender otras nuevas.

Ya no pienso en llamar a Miguel para hablar con él cada noche, como habíamos hecho siempre, pero hasta hace poco mi cerebro seguía pulsando ese botón.

Otro botón que estaba apagado, pero que se volvió a encender el otro día, fue el de pensar que nos estaría esperando al llegar a casa. Fui de compras con mi madre y, al volver, abrí la puerta con una ilusión que ya ni recordaba, conocida y extraña a la vez. Supongo que tendría la intención inconsciente de contarle algo que nos había pasado, para que se riera.

La decepción después de estos momentos es inmensurable. Se parece al tercer segundo desde que te despiertas por la mañana, cuando bajas del limbo y recuerdas cómo es tu vida cuando estás en la mierda.

Pero no todo es malo. El poso de amor que queda mezclado con la decepción es un regalo. A veces es lo único a lo que te puedes agarrar. Es como si te dieran un tortazo seguido de un abrazo. No sabes si reír o llorar, porque no estás ni bien ni mal.

Una de las cosas que más me cuestan, porque aún no la he conseguido automatizar, es explicarle a mi cabeza que la mayoría de chicos jóvenes que veo por la calle no son Miguel, aunque a primera vista pueda ver su cara en todos ellos.

Me pasa menos que antes, pero me sigue pasando. El vuelco que me da el corazón sigue siendo el mismo. Supongo que, también inconscientemente, nunca he perdido la esperanza de que volviera. Le habré visto en centenares de personas durante todo este tiempo, y la frustración de que ninguno de ellos fuera él se me ha ido acumulando hasta llegar al hastío.

Cuando veía a un chico joven, aun sabiendo que no era Miguel, me recordaba a él. Una vez vi a un amigo riéndose con sus dos hermanos. La envidia me apuñaló por dentro al observar ese momento de complicidad. Recordé las veces que Miguel y yo habíamos estado así. Pero, sobre todo, que él ya no podía estar feliz, ni triste, ni enfadado; que no podíamos estar de ninguna manera porque él ya no estaba.

Tampoco íbamos a compartir más instantes que guardar en la memoria y jamás nos volveríamos a reír juntos como lo estaban haciendo esos chicos. Sentía que era una víctima total de las circunstancias de mi vida y parecía que el universo se estaba recochineando de lo que me había arrebatado. Me pareció tal injusticia que no pude hacer nada más que alejarme con mucho dolor de esa feliz estampa.

Siempre que me acuerdo de Miguel, le veo sonriendo, porque me resulta natural y fácil recordarle así. Era el pan de cada día. Esa imagen tiene algo de eternidad. Es la forma en la que los dos seremos inmortales: mientras tenga la capacidad de pensar y recordarnos sonriendo, somos eternos. Y él sigue viviendo así.

Ahora puedo pensar en él de ese modo y de todas las formas, pero, al principio, no solo no podía hacerlo, sino que pasé meses sin ser capaz de mirarme al espejo porque me recordaba a él. No es que fuéramos físicamente iguales, pero en algunos rasgos y gestos sí, y eso también me apuñalaba por dentro. Cada vez que veía mi cara reflejada, rehuía la mirada y me iba corriendo. No podía soportar nada que le evocase si ya no estaba.

Según pasaba el tiempo, se empezó a acusar cada vez más su ausencia. Empecé a tener envidia de la gente que no había perdido a sus hermanos de forma trágica y, sobre todo, me empecé a enfadar con la gente que tenía problemas menos graves que yo. El «¿por qué a mí?» se convirtió en el himno de mi vida.

Como consecuencia de mis constantes quejas, mi entorno me repetía que pensara en los que estaban peor o en los que habían pasado por lo mismo, que era mucha gente. Me daban igual. De hecho, no me venían bien para sentirme la más desdichada. Y, sinceramente, eran desconocidos. ¿Qué me importaban a mí? ¿Y qué si alguien estaba peor que yo en la balanza de las desgracias?

A ver si al final iba a tener que dar gracias porque mi hermano se hubiera tirado por la ventana.

Me sentía sola y desamparada, más aún con estas respuestas del exterior, que me parecían una basura. Como pensaba que nadie me entendía, esas personas pasaron a no tener ninguna potestad para darme consejos. Decía para mí: «Si no sientes lo que estoy sintiendo, no me digas lo que tengo que hacer, déjame en paz. Y si lo sientes porque te ha pasado lo mismo, no me interesas, déjame en paz también, quiero regodearme en mi tristeza». Me parece muy curioso que me sintiera así cuando la pérdida de un ser querido es algo a lo que todos nos enfrentamos, antes o después. Podríamos estar ante el pegamento que nos une a todos los seres humanos.

Mientras me lamentaba por lo injustos que eran los cambios de mi nueva anormalidad, llegó el que me golpeó más fuerte.

Un día, limpiando, recogí del suelo una lata de Coca-Cola vacía que Miguel guardaba. Ponía «Abuelo». Me dio una punzada en el pecho, porque sabía que Miguel, al igual que María y que yo misma, adoraba a mi abuelo Alfonso. Se me hacía raro pensar que ahora estaban los dos juntos, cuando lo que había dado por hecho siempre es que estaríamos juntos nosotros tres durante mucho tiempo. Entonces, una voz muy clara en mi cabeza me dijo: «Se han jodido muchos planes que había dado por sentados». Vislumbré la certeza de que nada iba a volver a ser igual.

Ya no habría más Nocheviejas comiendo las uvas juntos, mirándonos durante las campanadas para ver quién hacía reír primero al otro hasta que se atragantaba.

No volveríamos a comer hablando de cualquier cosa y, al pedirle que me acercara el agua, ya no me iba a decir bromeando: «Este es el último resquicio de agua en el mundo. Si eres buena persona, deberías repartirlo con todos los habitantes del planeta».

Tampoco íbamos a jugar más a la lucha libre durante unos pocos segundos hasta que me quejara de que me había hecho daño y él se riera diciendo que ni me había tocado.

Nunca más nos iríamos de vacaciones. Me acordé de que muchos de los mejores recuerdos que tenía de él eran de esas épocas. Después de ese pensamiento, recordé que hacía poco que habíamos vuelto de las primeras vacaciones sin él, pero no lo había sentido así. Mi percepción había sido que ese año no había podido venir. Salí de esa anestesia de golpe: «Ni este año ha podido venir, ni va a poder venir ninguno más».

Me acordé de cuánto jugamos de pequeños en la playa. A él le encantaba que nos sentáramos en la orilla a esperar que las olas nos revolcaran. Después nos dedicábamos a meternos arena en la boca para sonreír y que se saliera por todas partes. Le hacía una gracia descomunal. Yo no le pillaba la chispa, pero él estaba tan ilusionado que lo hacíamos a diario. Con tal de verle así, me metía toda la arena que podía y sonreía hasta que me dolía la mandíbula. Le terminé cogiendo gusto. Ahora, cuando voy a la playa, lo sigo haciendo. La temperatura, la textura y el sabor de la arena es una mezcla que me transporta directamente a aquellos veranos en los que pasábamos horas jugando, todo el tiempo que mamá no nos tenía secuestrados echándonos crema.

Pensé en las vacaciones que pasamos en Huelva, haría unos tres o cuatro años. Yo debía de tener veinte. Aquel verano estuve muy deprimida, de lo que no fui consciente hasta mucho tiempo después.

Esos recuerdos son de varios colores. Hay marrón y naranja, porque, aunque lo estaba pasando muy mal, recuerdo lo felices que fuimos juntos, mi madre, María, Miguel, mi abuelo y yo. Íbamos a la playa a diario, dábamos paseos y salíamos a cenar. El resto del tiempo estuve en la cama, jugando al *Bubble Shooter*. Me lo pasé en pocos días.

Un día le hice fotos a Miguel tumbada, mientras él hacía el tonto por toda la habitación intentando animarme. Las guardo como un tesoro.

También me acordé de las vacaciones en Granada. Era agosto, así que haría unos cuarenta y cinco grados, sin exagerar. Con esa temperatura, solo se nos ocurrió ir a ver la Alhambra después de comprar piononos. Lo bueno es que los pasteles conocieron una de las siete maravillas de España: a Miguel bromeando. Los llevó todo el camino hasta que mi madre le quiso ayudar. Él le dio la bolsa, pero le cogió su bolso a cambio. Verle paseando por la Alhambra con un bolso de señora me dio años de vida.

Cuando estos recuerdos se fueron difuminando, apareció la sensación de haberme caído de un guindo. Nunca he visto uno, así que mucho menos me he precipitado de él, pero estaba convencida de que es así como te debes de sentir: ingenua y dolorida por el golpe.

Era como encajar un puzle que había estado a la vista en todo momento, pero en el que no había reparado. La peor sensación me la produjo el último pensamiento encadenado: «Él ya no va a tener hijos». Fue la guinda del guindo.

Miguel siempre había tenido claro que quería ser padre. Me solía decir que lo que más deseaba era que sus hijos se parecieran a mí de pequeña, que era una bola blanca y calva, compuesta en un noventa y siete por ciento por mofletes. Me repetía: «Si se parecen a ti lo más mínimo, los meteré en una jaula para que nadie más los pueda ver y les sobaré los mofletes todo el rato», como había hecho siempre conmigo. Lo de los mofletes; en la jaula no me metió nunca, quiero aclararlo.

Me sentía muy orgullosa de que hubiera decidido encerrar a sus hijos en una prisión si eran demasiado adorables. Y, sobre todo, me llenaba de alivio pensar que, si él tenía hijos, mis padres tendrían suficiente ración de nietos, así que no haría falta que yo los tuviera. No quería ser madre, pero no dudaba sobre querer ser tía, y ahora había cambiado también ese panorama por completo. Ya nunca iba a conocer a esos sobrinos angelicales privados de libertad. Sentí un dolor de pérdida al pensarlo. Una de las cosas que más ilusión me hacía era tener bebés a los que adorar solo un rato y dárselos a sus padres cuando se pusieran pesados. ¿Quién no va a querer experimentar eso?

Haber perdido la oportunidad de tener sobrinos de Miguel es algo que me produce tristeza aún hoy. No sé si se habrían parecido a mí, pero estoy segura de que habrían sido preciosos.

Con el dolor de la pérdida de lo que ni siquiera había tenido se me encogió el corazón aún más. Y aumentó la ansiedad de golpe cuando pensé que, en ese caso, me tocaba a mí tenerlos. Alguien tenía que hacerlo para contentar a mis padres. Menudo cargo de conciencia revertido por algo que aún no había hecho.

Me sentí (pre)mala madre, así que empecé a pensar en posibles sustitutos para esos niños. Mascotas. Me pareció una idea genial. Podían ser nuevas, que no hubiéramos tenido, ¡anda que no hay para elegir! La de un loro me parecía la mejor candidatura, algunos son más listos que muchos niños, podríamos salir ganando.

Otra opción era adoptar a un bebé e inventarme una excusa para que le *readoptara* mi madre, que era quien le iba a cuidar. También pensé en quedarme a vivir con mi madre eternamente y comportarme como una niña, así no harían falta más.

Después de un tiempo con una angustia terrible por tal responsabilidad, llegué a la conclusión de que no podía tener hijos solo por complacer a otra persona.

Me armé de valor para hablar con mi madre. Le dije que no quería defraudarla, pero no sabía si los iba a tener. Esto por ser suave, porque por aquel entonces ser madre me apetecía lo mismo que amputarme una pierna sin anestesia. Nunca he tenido instinto maternal con gente no nata, solo con la que ya está aquí. Ahora ya no sé si algún día tendré hijos, porque he aprendido muy bien la lección de no dar nada por sentado en esta maldita vida.

Ante tal íntima confesión, mi madre se rio, como hace casi siempre. Me bajó la presión de golpe. «Yo no quiero que tengas hijos si tú no quieres, no pasa nada, ya he tenido a los míos», me dijo. Lo decía de verdad. Si hay algo que no podemos hacer ninguna de las dos es mentirnos, es inútil. Somos un auténtico polígrafo recíproco.

¡Qué alivio saber que estaba siendo sincera! Me quité una responsabilidad muy grande, pero me quedé sorprendida con su respuesta. Ella siempre había querido tener nietos. Pensé que era otra muestra más de que nos había cambiado la vida mucho. Estaba todo irreconocible, y para siempre.

Yo me seguía negando al gran cambio. Colgar en el armario la camiseta con su olor fue el primer paso. También coloqué su colonia destapada en mi mesita de noche, para pensar que estaba allí cuando me despertara. El perfume era tan intenso que a veces me desvelaba en mitad de la noche. Era eso o el insomnio, uno de los dos. O los dos. Me daba igual, no moví el bote ni un centímetro hasta que se evaporó todo el contenido.

Pensaba que no eran conductas sanas, pero me importaba poco la salud a esas alturas. Además, si el mundo, las preocupaciones humanas y los problemas me parecían estupideces, no iban a ser menos los juicios que me estaba haciendo a mí misma. En esos momentos me decía: «¿Quién soy yo para opinar sobre lo que hago, con lo que acaba de pasar?». Y proseguía condenándome duramente por no haber podido evitarlo o no haberle traído de vuelta. Esas opiniones sí me las permitía a diario. Siempre hubo clases en los juicios.

Seguía teniendo en mente que antes o después iba a tener que poner remedio a lo que me estaba pasando, pero de momento no me veía capaz de coger el toro por los cuernos, porque me seguía toreando él a mí. Aun así, pensaba en dar pequeños pasos y seguía abierta a intentar mejorar, aunque me costara mucho.

Por eso me sonó como una pequeña salvación cuando mi madre nos dijo a María y a mí que uno de sus pacientes le había recomendado un centro de escucha para gente que está en duelo. De primeras, tuve el síndrome de la impostora, porque yo no me sentía en duelo, pero no dije nada porque me parecía una idea redonda, y más aún si ellas también querían ir.

Era un centro religioso que da apoyo y asesoramiento en estos procesos de manera gratuita. Los que lo hacen son voluntarios que se han formado, cosa que me parecía tremendamente valiente y me daba confianza absoluta. No quiero romantizar el trabajo no remunerado porque lo he ejercido demasiado, así que sé lo que es, pero creo que, si ocupas tu tiempo libre en cualquier actividad que no te reporte un honorario a cambio, significa que te apasiona, y así es muy difícil que la hagas mal.

También creí que era un plan perfecto por ser un «centro de escucha». Poco se podía hacer en ese momento por nosotras, salvo escuchar. Nunca he sido de hablar mucho, pero me hacía ilusión pensar que, si me ponía a hacerlo, en algún momento explotaría la bomba de relojería que tenía dentro y podría llorar.

Cuando fui, no podía llorar aún, pero salí aliviada. Hablar con gente que no estaba involucrada sentimentalmente con Miguel era muy liberador. No estaba pensando en medir las palabras, o en no hacer chistes, o en si a la otra persona le apetecía hablar de ese tema en ese momento. Me hizo mucho bien. Tanto que pude ver algunas cosas de otra manera.

Un día le dije a la señora que me asignaron, la persona más encantadora de Madrid y alrededores —e incluso de los alrededores de otras comunidades—, que me sentía muy culpable cuando veía la casa sin limpiar y que eso me provocaba más agobio aún. Era una preocupación bastante importante, porque me parecía una tarea de lo más sencilla y no era capaz de hacerla. Pensaba que, si no era capaz de limpiar, no podría superar la muerte de Miguel.

Su respuesta hizo que me explotara la cabeza. Aún la recuerdo: «Hasta para limpiar hay que estar bien anímicamente». Me dijo lo que yo misma estaba comprobando, pero dicho por otra persona sonaba creíble y mucho más fiable que experimentándolo en mi propia piel. Así somos los humanos.

También me habló sutilmente —pero entendí la referencia— de la autoestima. Me dijo que, para pasar un duelo, como para cualquier otro proceso complicado en la vida, era muy necesario contar con ella.

Nunca hablamos de esto específicamente, pero entiendo que solo por charlar conmigo sabía que era uno de mis puntos débiles. Eso se me quedó grabado. Genial, otra cosa más de la que hacerme cargo. Mi autoestima. No sé ni lo que es, pero tampoco está, como la esperanza. Me imaginé a mi esperanza y mi autoestima huyendo a mucha velocidad en un coche, a lo *Thelma y Louise*.

Si algún día me cruzase a la primera sabría cómo es porque la conocía, así que podría cogerla de la oreja y llevarla de vuelta a casa, pero ¿cómo recupero algo que nunca he tenido? Es como madrugar un lunes por placer, no sé cómo se siente.

La mujer me aseguró que, con una buena autoestima, el proceso sería mucho más fácil. Me parecía imposible que la vida fuera *más fácil*. Seguía convencida de que me sucedían todas las cosas malas que podrían ocurrir por el mal de ojo universal que solo padecía yo. Lo había decidido unilateralmente y no quería escuchar una segunda opinión, así que di por hecho que jamás tendría una autoestima de esas.

Hablé de tantas cosas con aquella mujer y fue tan reconfortante que me sabe fatal no recordar su nombre. Soy más que pésima para eso. La gente que asegura ser mala para recordar nombres es principiante a mi lado. No solo no los recuerdo, sino que llamo a la gente por los nombres que a mí me parece que les pegan. Si tú te llamas Manuel —cosa que jamás voy a llegar a procesar, aunque me la repitas veinticinco veces—, pero para mí tienes cara de Antonio, vas a ser Antonio hasta que te mueras. O hasta que te ponga un mote adecuado, cosa que también hago muy a menudo. Es mi forma de organizar mentalmente el mundo exterior. El único fallo es cuando guardo a la gente en la agenda del móvil por su nombre de nuevo bautismo y no tengo relación con ella, porque me olvido de quién es. Ahí tengo a un tal *Félix, el gato,* desde hace años, y sigo sin saber dónde ubicarlo.

Aquella mujer se debería haber llamado Lola, así que me referiré a ella con ese nombre. Lola era tan buena persona que hasta lloró cuando le hablé de Miguel, cosa que yo seguía sin lograr durante el mes que nos estuvimos viendo. Le cogí mucho cariño y le estaba tan agradecida que le quise hacer un regalo, pero esperé al último día para dárselo, porque no sabía si contaba como cohecho de duelo y no quería que la despidieran. Después me acordé de que no estaba contratada ni cobraba por ese trabajo, pero preferí ceñirme al plan por si acaso.

A pesar de que no podía llorar, sentía que las sesiones con Lola me ayudaban a desahogarme de alguna manera. Hablar con una persona experta en ese horror sobre cómo lo viví, todo lo que pensaba y cómo estaba mientras me escuchaba era apacible. Por eso, cada semana hacía el trayecto de más de una hora de buena gana. Salvo una vez.

Era invierno, así que iba como corresponde: abrigada en exceso. Entré en el metro y me senté. No me quité ni una sola capa por pura pereza. Tenía en mente que el trayecto era largo, pero, como al entrar al vagón seguía teniendo frío, pensé que sería todo el viaje igual.

No había pasado mucho tiempo cuando empecé a notar un calor infernal y lo achaqué a una de las siete capas que llevaba encima en combinación con los sesenta y cinco grados que hacía en aquella lata de conservas. También pensé que podía ser por el agobio que me provocaba ver a tanta gente alrededor. Los cúmulos de personas son lo que más temo y odio en el mundo. Esta fue mi hipótesis durante unos segundos, hasta que noté una subida de pulsaciones digna de ir la primera en un triatlón. Me empecé a agobiar porque nunca había tenido unas pulsaciones tan altas con el cuerpo tan quieto. Solo las experimento en *spinning*, pero esta vez no me había movido ni para recolocarme en el asiento.

Además, justo en ese momento iba pensando en alguna cosa sin importancia. Para una vez que iba distraída... No entendía nada, así que me empecé a agobiar más porque me dio miedo. Pensaba: «Si mi cuerpo reacciona así sin ningún estímulo, es que algo va mal». Se me nubló la mente y empecé a marearme. Pasé así unos cuantos minutos, hasta llegar a mi parada. Allí decidí que se me pasaría todo. Los síntomas se quedarían en el vagón y yo estaría perfecta al salir.

Al levantarme del asiento dejé de sentir las piernas. Tenía la sensación de que me iba a desmayar. No, era aún más grave, me iba a morir. Me iba a morir en el metro de Madrid sin planearlo, la muerte más triste jamás registrada.

O sea, que estoy haciendo todos los esfuerzos posibles para sobrevivir a mi estado anímico para que ahora mi cuerpo diga: «Ah, bueno, pero conmigo no cuentes, *ciao*».

No podía parar de pensar en la vergüenza que iba a sentir, aunque estuviera muerta, cuando encontraran mi cadáver, ya en el andén, en aquellos bancos metálicos tan horribles. Una vez una amiga vomitó en uno y el vómito era más bonito que el banco.

Además, le iba a estropear el día a un montón de gente. A todos esos pobres que se quejan cuando alguien se tira a las vías diciendo: «Me ha jodido el día, ahora voy a llegar tarde al trabajo por su culpa». Siempre que escucho esto pienso que al que se le ha jodido el día un poco más es al que está en las vías, pero tampoco estoy segura. Igual se le ha arreglado porque ha ido a un sitio mejor. Ojalá.

Tenía muy claro que iba a morir, así que no tuve más remedio que sentarme en uno de los horribles bancos del andén del metro para intentar disimular y, al menos, no morir de pie. Sentía decepcionar al Che, pero llevo a rajatabla lo de la discreción.

En cuanto me hube sentado, me puse a comprobar compulsivamente que el aire podía entrar por mi nariz. Jamás pensé que fuera a inhalar varias bocanadas de aire del metro voluntariamente. Le pedía a mi cuerpo que, por favor, volviera a respirar, porque pensaba que había dejado de hacerlo.

Creí que el pobre se había olvidado hasta de proveerse de oxígeno debido al susto, o que le resultaba imposible por lo tenso que estaba. Parecía que tenía un corsé invisible por todo el cuerpo. No se me habría escapado una gota de pis ni aunque hubiese apretado como para parirla.

Jamás había pensado que el organismo pudiera dejar de respirar voluntariamente, pero me convencí de que en ese momento me estaba pasando a mí por primera vez en la historia de la humanidad. Con toda mi buena intención, seguía inhalando y exhalando rápido y profundo. Decidir que se me pasaría al salir del vagón no había funcionado, pero estaba convencida de que hiperventilando volvería todo a la normalidad. Siete años después de este suceso puedo decir con total seguridad que hacer eso no ayudó en nada, al revés.

La idea de morir me daba pánico, así que hice todo lo que pude por sobrevivir: intentar pensar que no me iba a morir. No funcionaba, cada vez tenía más claro que se me iba a parar el corazón. Seguía latiendo a tal velocidad que le tendrían que haber multado, así que estaba convencida de que no podría mantener durante mucho más tiempo ese esfuerzo. Me dio envidia que se fuera a dar por vencido antes que yo.

Pensé en los esfínteres de hierro que tenía en ese momento. Morirme en el metro ya no me parecía tan vergonzoso. Al menos no iba a cagarme encima. Después recordé que cuando te mueres se relajan los esfínteres y sale todo. Ese pensamiento me estropeó la tarde un poco más. Muerta y cagada encima de un banco del metro. No sabía qué había hecho en otra vida para arrastrar semejante karma en esta.

Estuve sentada muy poco tiempo. Me dio otro arrebato y volví a pensar que si lograba salir a la calle todo se pasaría. Hice un trato con mi cuerpo: si volvía a estar bien, le daba lo que quisiera.

No sé cómo me levanté del banco y logré andar hasta el exterior sin notar las piernas. Pensé que así se debía de haber sentido Jesús caminando sobre las aguas.

Otro pensamiento aterrador cruzó mi cabeza: «Quizá se me ha estropeado algún nervio y no vuelvo a sentir las piernas nunca más». Pasé del drama al alivio en un momento, porque me di cuenta de que, de esa forma, podría entrenarlas sin sufrimiento. «Tendré el tren inferior más fuerte del mundo. Todos los días serán *leg day*». Con este pensamiento subí el último escalón de la salida y pisé la calle.

Al respirar aire fresco y sentir el frío en la cara, las pulsaciones bajaron igual de rápido que habían subido. Sin explicación ninguna. Por fin un trato me salía bien, después de meses. Ahora tenía que conseguir lo que fuera que quisiera el cuerpo. Supuse que sería chocolate, como siempre.

Estaba menos mareada e intuía que tenía piernas, así que hice lo que toda persona quiere hacer en cuanto puede disponer de su cuerpo: alejarse del metro.

Poco a poco volví a la normalidad. Sentí que el aire entraba en mi cuerpo de nuevo. Me sorprendí pensando que tendría el récord de apnea. Probablemente, pensaba, habría pasado quince o veinte minutos sin respirar.

¡Qué alegría encontrarme bien otra vez! ¡Por fin me podía dedicar de nuevo a no tener ganas de vivir!

Como la experiencia cercana a la muerte se pasó relativamente pronto para lo grave que fue, no se la conté a nadie. Eso y que me asustaba recordarlo. Supuse que había sido un fallo del cuerpo y lo dejé pasar. Me di a mí misma un discurso mental digno de Nobel de Medicina: «Ante todo, somos humanos. Hay que tener en cuenta que dentro de nosotros hay tantos procesos desarrollándose simultáneamente que es normal que colapse algo en algún momento. En resumen: no pasa nada».

También creía que si no lo decía en voz alta no había ocurrido y, por supuesto, no volvería a ocurrir. Decidí olvidar ese ansioso episodio como tantos otros, siguiendo mi receta especial para enterrar las preocupaciones sin pedir ayuda. Que coja sitio con todas las demás, al fondo. Si están secuestradas ahí dentro no podrán salir. Si no salen, no molestan. Y, entonces, se desintegrarán todas juntas en poco tiempo.

Después de reflexionar brevemente sobre esta estrategia, pensé que era mejor tomar alguna medida de precaución para que aquello no volviera a pasar. Decidí no ir más en metro. Allí es donde había ocurrido y donde se escondía la cosa tan horrible que me lo provocó, así que con no volver a pisar ese agujero nunca más, estaba solucionado.

Esa medida la mantengo hoy porque ir en metro me agobia. No sé si mi cerebro lo sigue relacionando con aquello o si se debe a que es miel para el oso de la ansiedad social, pero solo lo cojo cuando no tengo más opciones de transporte.

Después de ganarle la batalla a la muerte, llegué a la sesión con Lola. Aunque esta me ayudaba, seguía nerviosa, incómoda y malhumorada. Y tras este episodio, mucho más. Era como si se hubieran multiplicado esas sensaciones. Me parecía imposible, pero ahí seguían, creciendo día a día. Lo que no supe es que las estaba regando con todo el combustible que necesitaban para hacerse cada vez más grandes y fuertes: no hacerles caso.

Muy a mi pesar —por no llevar razón—, se empezaron a repetir los capítulos del metro a menudo, en cualquier circunstancia. Podía haber pedido ayuda, pero como seguía en fase de negación, lo que hice fue empezar a inventar excusas para disimular.

Si estaba con gente, decía que tenía que ir al baño o que estaba cansada y quería irme a casa. Después, me quedaba en cualquier sitio donde ya no me vieran hasta que se me pasaba. Pensaba que, si no hacía nada, se volatilizarían, igual que seguía pensando que Miguel iba a volver y, por eso, no quitaba su nombre del buzón de casa y no quería tirar sus cosas. Un día, uno de los episodios se hizo mayor y pasó de curso.

Estaba en casa y noté que iba a empezar otra vez. Me fui a mi cuarto y me tumbé. Intenté centrarme en consumir oxígeno para seguir viva. No solo no funcionó, sino que empecé a sentir que mi cuerpo no era mío. Me veía desde fuera, como si fuese otra persona. Superaba aquel disparo de pulsaciones sin sentido del metro. Esto era lo más extraño que había experimentado nunca en mi, ahora, *no cuerpo.* Parecía que me había pasado toda la vida dentro de un contenedor que no me pertenecía, con pensamientos que no procedían de mi ser. Como si hubieran metido mi esencia en un robot y hubiera vivido en piloto automático hasta entonces. Me resultaba muy real que la existencia fuera irreal. Parecía la secuela del 16 de junio.

Estaba segura de que me habían engañado toda la vida. Por suerte, acababa de descubrir la estafa en ese momento de claridad. No sabía por qué exactamente, pero tenía claro que todo este asunto era cosa de los extraterrestres. Se me hacía lógico que todo fuera un experimento suyo.

Estaba haciendo estas conjeturas en mi mente cuando se esfumaron de golpe y retumbó otra idea con mucha más fuerza: «Te has vuelto loca».

Eso tuvo aún más sentido que lo anterior. Si creía que mi cuerpo no era mi cuerpo y nunca antes me había pasado, significaba que estaba chalada. Pensé que tenía que ir a un psiquiátrico cuanto antes, y también que nunca más iba a poder salir de allí.

Esa imagen me provocó un miedo que me paralizó. Desde entonces y durante mucho tiempo, tuve fobia a volverme loca. Era mi mayor temor, incluso más que ir en metro. Lo asociaba con lo que le pasó a Miguel. Perder la cordura para mí era perder la vida, literalmente. Si alguien se atrevía a llamarme «loca» de alguna forma, o yo interpretaba que lo había hecho, me sacaba de mis casillas. He tenido bastantes discusiones acaloradas cuando han apretado ese gatillo. Me parece gracioso que me haya vuelto loca intentando no volverme loca.

Después de un tiempo, pude sumergirme en esa idea y deshacerme del terror que me provocaba. Ya no creo que vaya a perder la razón, pero, si algún día me pasa, pienso que habrá una solución. Todo la tiene, menos la muerte, y Dios no nos manda nada que no podamos superar.

Ese día, tumbada en la cama, tenía tal *ansiedad* que fue la primera vez que me referí a ella por su nombre. Autodiagnosticándome, di por hecho que lo que me pasaba era eso, aun sin conocer ni uno de sus síntomas.

Con mi análisis de la situación, me levanté de la cama para comunicarle a mi madre la dura noticia de que, después del fallecimiento de su hijo, su hija se iba a quedar *catacroquer* de por vida en una clínica mental. Me invadió de nuevo el cargo de conciencia por si esta vez sí le daba un infarto, pero me veía en la obligación de ser sincera.

Fui hasta la cocina. Me acerqué a ella y le dije: «Mamá, no quiero preocuparte demasiado, pero creo que estoy loca y es probable que tenga que vivir para siempre en un psiquiátrico». Ella me miró extrañada porque, aunque estaba acostumbrada a que le hiciera bromas de todo tipo, con la cara de preocupación que tenía, aquello no le debía de sonar a chiste. Además, no hacía ninguno en voz alta desde hacía tiempo.

Me preguntó por qué decía eso.

—Porque tengo mucha ansiedad; tanta que me he vuelto loca —le dije.

—Es lógico que te encuentres mal con todo lo que ha pasado, pero no estás loca. Los locos nunca son conscientes de que lo están —me contestó.

Esa respuesta me hizo reflexionar. Es verdad que Miguel no sabía lo que le estaba pasando. Pensar en aquello me relajó. Una vez más, la palabra de mi madre bastó para sanarme. O, al menos, para calmarme.

Me agarré a sus palabras como a un clavo ardiendo e intenté confiar, pero, como no lo lograba del todo, acudí, una vez más, a Google.

Metí los síntomas de lo que me había pasado y, en décimas de segundo, me volvió a dar un diagnóstico claro: trastorno de despersonalización. No tenía el gusto de conocerlo, nunca había oído hablar de él. Busqué si era colega del estrés postraumático, y efectivamente... Lo sabía, siempre he sido buena atando cabos.

Ya que estaba en la tarea de obtener diagnósticos, me armé de valor y por fin busqué información sobre los episodios que me estaban ocurriendo desde el fatídico día del metro. Como buena sabuesa, intuía que todo estaba relacionado. Correcto, los ataques de pánico son buenos compañeros de los otros dos trastornos.

Ese día me acosté sabiendo muchas cosas nuevas, así que supuse que durante el próximo mes no iba a aprender nada más. Después pensé en el rumbo que había tomado mi vida y cambié esa suposición por su antónima: terminé mi reflexión pensando que ni siquiera sabía si existía la realidad, así que me daba igual seguir aprendiendo o no.

Aunque el día del metro me asusté mucho por pensar que eran mis últimos momentos, el sufrimiento mental de aquel otro día fue, si cabe, aún mayor. Empecé a plantearme seriamente desaparecer. Estaba agotada, no entendía nada de lo que pasaba, era todo cada vez más perturbador, el tiempo seguía pasando y no tenía ninguna señal de que aquella pesadilla fuera a terminar. No le veía sentido a la vida misma. Solo había sufrimiento y oscuridad. Escuchaba *May It Be*, de Enya, por si a mí también me podía ayudar, pero no funcionaba.

Lo único que quería era aislarme de todo, y eso me hacía sentir cada vez más sola e incomprendida. Era un bucle que no cesaba. Pensé que no iba a mejorar nunca, que viviría así para siempre. Esa oferta era la menos interesante que se me había planteado jamás. No quería estar así y mucho menos seguir sin Miguel. Estaba convencida.

Empecé a divagar sobre cuál sería la mejor forma de irme. Valoré la sobredosis, pero acabé discurriendo que la de Miguel había sido muy efectiva, así que no tenía que complicarme mucho más. Hay que seguir las tradiciones familiares.

Me hizo gracia pensar que yo sí debería dejar una nota de suicidio que pusiera «Dew», aunque igual ya era una expresión antigua. Mejor «Chao» o «Esto es todo, amigos». Me reí porque estaba claro que no lo iba a hacer, era solo una fantasía. Ya que me iba a matar y eso era trágico, no iba a recochinearme, encima.

Me acordé de que cuando era adolescente preparé notas de despedida para toda mi familia, sin ni siquiera haber pensado en suicidarme. Me odiaba tanto que mi mayor deseo era desaparecer. Llegué a pensar que nadie lo pasaría mal después de unos días. Por suerte, nunca consideré pasar a la acción para conseguirlo. Me limitaba a estar en casa sin ver a nadie, que es un poco como desaparecer.

Una vez decidida a irme con Miguel, creí que lo más justo era hacerlo lejos de casa, para ahorrarles el *shock* a mi madre y a María. Pensé que si María vivía otra vez aquello también se iría. De hecho, tenía grabadas las palabras de lo que había sentido cuando miró por la ventana. Me dijo que quiso tirarse, pero me vio a su lado y se contuvo. Si no lo había hecho por mí, lo mínimo era hacerlo lejos. Me sentía una traidora, mala hermana con ella también, mala persona y mal ser humano, pero hasta eso me empezó a dar igual si la recompensa era dejar de sufrir tanto. Siempre me ha preocupado ser egoísta, pero en esos momentos estaba incluso cómoda en ese papel. Hasta entonces pensaba que las personas que se quitaban la vida lo eran, pero entonces entendí a todas y cada una de ellas. No son egoístas, simplemente no pueden más y no ven salida a tanto dolor. Nadie quiere vivir sufriendo. Aguantas con la promesa de que pronto el dolor se irá, o al menos menguará, pero cuando ves que pasa el tiempo y no lo hace, es más, aumenta, es completamente desalentador. Irte es la única salida que hay en una habitación llena de oscuridad. Ojalá no hubiera que llegar a valorar esa salida, pero es la única esperanza para no sufrir cuando ya no hay otra.

Estaba bastante convencida del plan, lo único que me lo impedía era la culpa por el sufrimiento que les iba a causar a mi familia y a mis amigos. Volvía a cargar con la responsabilidad de algo que aún ni había hecho. Empecé a pensar en el karma. ¿Y si de verdad existe y me reencarno en un gusano? He visto a muchos con aspecto de humanos vivir muy bien, pero, con la suerte que tengo, seguro que al salir de la tierra me devora un pájaro y me reencarno en garrapata, y luego cada vez en algo peor hasta llegar a político. Siempre he sido muy supersticiosa, así que era un argumento de peso.

Le empecé a dar vueltas, otra vez, a lo injusta que estaba siendo la vida conmigo. Pensé que el colmo de mi existencia sería suicidarme el día antes de que todo empezara a cambiar para bien. Seguro que el día después de irme me iba a llegar una carta con un sueldo fijo de por vida, me tocaría la lotería o me despertaría de todo este delirio. La existencia de esa posibilidad me provocaba mucha rabia y me emparanoiaba. Llegué a estar convencida de que pasaría un Romeo y Julieta de hermanos.

Tenía una lucha interna muy fuerte por el cúmulo de sensaciones tan diversas que sentía. La que predominaba sobre todas era la de estar desconectada de la vida, pero la idea de hacer tanto daño conscientemente a mi gente-diamante, sumada a la vida exitosa que pensé que me esperaba si no me suicidaba, fue lo suficientemente fuerte como para aplacarla. Fui dejando la idea del suicidio como un proyecto a medio plazo, aunque seguía alimentando esa fantasía diariamente, porque no podía evitar soñar con lo que más deseaba en ese momento: dejar de sufrir y volver a estar con Miguel.

Esta idea había echado raíces en silencio, y todo lo que echa raíces florece cuando menos lo esperas. Empecé a verbalizarlo sin darme cuenta cuando había una discusión en casa. Me sorprendía gritando que lo único que quería era desaparecer porque no aguantaba más. No sé si era una llamada de auxilio o un aviso por lo claro que lo tenía, solo sé que me sentía muy culpable después de decirlo en voz alta. Era como si ya les hubiera hecho daño.

Mi madre no hacía más que insistirme en que fuera a terapia. Estaba convencida de que podía mejorar, y yo no podía estar más en desacuerdo. Me solía repetir: «Estamos aquí por algo, no podemos irnos, nos toca seguir. No nos equivoquemos como él se equivocó». Siempre me han sorprendido y he envidiado sus ganas de estar aquí y su claridad mental sobre esa decisión. Sé que muchas veces también ha querido irse con Miguel, y me parece más que lógico, pero sospecho que esa duda no ha durado mucho en ella. Su actitud tiraba de mí para seguir, aunque fuera por inercia, a la vez que me hacía sentir muy culpable por hacerles sufrir diciendo que me rendía y porque pensaba que, en el fondo, la que más querría que todo acabase sería ella, aunque aparentase muy bien lo contrario.

Cuando me tranquilizaba después de cualquier discusión, volvía al punto de vacío calmado y pensaba que debería hacerle caso a mi madre, ya que siempre terminaba teniendo razón. «Hay que seguir, vale. Vamos con ello», me decía. En ese momento volvía a enfrentar la punzada que me daba en el estómago y en el corazón cada vez que pensaba en seguir sin Miguel. Y volvía a caer en el victimismo.

Intentaba darme pena a mí misma. Pensaba: «La vida ha sido tan dura conmigo que no he podido ni despedirme de él. Jamás lo hubiera querido, pero ni siquiera ha existido esa posibilidad. Si le juzgaran por lo que pasó, habría tantos agravantes que no existe dinero suficiente en el mundo para indemnizarme».

Mira, ahí podía estar mi sueldo vitalicio si no me suicidaba.

Me sentía en una posición de desventaja total. Solo me salía intentar hacer tratos con el universo, pero esta vez ofreciendo buenas recompensas con tal de que me dejara ver a Miguel en este mundo, aunque solo fuera una vez. Después me acordaba de que ya no me hablaba con Dios, así que llegaba a la conclusión de que solo podría volver a estar con él siguiendo sus pasos. En este punto, ya se me había olvidado el mensaje de mi madre y me enzarzaba en la fantasía de desaparecer otra vez.

Fueron días muy oscuros. Esa disputa interna me desgastaba aún más y yo solo quería descansar. Deseé dormir durante meses. Como morirme, pero solo un rato. Desaparecer, pero volver. La versión mejorada de lo que hizo Miguel. Darle al *pause* a la vida hasta que pasara lo peor.

También me servía que se acabara el mundo para todos, así yo no tendría culpa de nada. Total, nos vamos a extinguir en algún momento, ¿tan malo sería que se adelantase? Saldríamos ganando todos o, al menos, yo que era lo que me importaba.

Me frustraba no poder conseguir ni un paréntesis, ni el fin del mundo, ni traer a Miguel de vuelta. Me sentía atada de pies y manos. No pasaba nada de lo que yo quería, como siempre. El victimismo no hacía más que aliarse con la culpa y el dolor para seguir haciéndome bajar en la espiral de la depresión. Tanto, que un día pensé que me iba a dar otro episodio de despersonalización muy fuerte y terminé pensando que ojalá hubiera sido eso.

Era por la tarde. Estaba acostada, con la persiana bajada porque intentaba dormir para anestesiar la pena, una vez más. No lo conseguía. Ni siquiera podía hacer lo que más me gustaba en el mundo. Me acordé de que cuando te mueres no te puedes llevar nada de aquí y pensé que era una falacia. Miguel se había llevado mi vida con la suya.

Tumbada en la cama, miraba al techo. Decidida a irme. Lo quería con todas mis fuerzas. «Ya está, la vida no es para mí —pensaba—. Cuanto antes lo acepte, antes dejaré de sufrir». Por primera vez, me vi capaz de hacerlo. Los argumentos que antes se oponían a que lo hiciera habían desaparecido. No importaban. Nada de lo que en otras ocasiones me había servido para calmarme me funcionaba en aquel momento. Era imposible pensar en alguien más. Pensar, en general. Esa idea ocupaba todo el espacio en mi mente.

Mi cerebro se desconectó y mi cuerpo empezó a mandar sobre mí. Fueron unos segundos de no ser consciente de lo que hacía, hasta que vi que entraba luz en la habitación. Salí del ensimismamiento de golpe y percibí lo que pasaba. Vi mi cuerpo de pie, pegado a la ventana, levantando la persiana, cuando pensaba que seguía en la cama. Me asusté mucho, era como si mi mente hubiera estado en coma unos segundos y mi cuerpo hubiera seguido solo.

Ya no podía controlar los pensamientos de huida, eran autónomos. Había alimentado demasiado la fantasía y ahora tenía un monstruo autosuficiente más grande que yo y que estaba tomando las riendas. Creí que todo se iba a acabar para siempre, por fin. Me llevé la sorpresa de mi vida cuando esa idea me dio mucho miedo. Era un salto al vacío, literalmente, demasiado grande. Entendí que no había retorno, y esa idea me conectó automáticamente con la imagen de mi madre y mi hermana. Aterrizó en mi cabeza como un rayo. Me acordé de que existían y eran reales, o, al menos, lo simulaban muy bien. Fue lo único que podía atravesar la burbuja en la que estaba metida. Tiré de mi cuerpo hacia atrás con todas mis fuerzas para alejarme de la ventana. Me costó mucho, era como si pesara una tonelada o como si la ventana tuviera un imán gigante que me atraía.

Me senté en la cama. La ventana aún estaba demasiado cerca, así que me seguía dando miedo. No sabía si me iba a dar otro arranque y me daba pavor no poder controlarlo. Me fui a la cocina a beber agua, sin ninguna sed, pero con toda la intención de entretener a mi mente para que saliera de ese túnel de terquedad y fuera hacia la luz. Pero hacia la luz correcta.

Después de beber agua, me puse a fregar los platos como una autómata. Sabía que si le ofrecía tareas a mi cabeza pronto se centraría en ellas y rompería el bucle. Era como darle unas chucherías a un niño, estaría entretenido un rato.

A los pocos minutos me calmé y sentí que era dueña de mi cuerpo de nuevo, pero no se me pasó el asombro. Nunca había vivido algo así. Mi cuerpo jamás había ido por libre de esa manera. Al final sí que iba a resultar que no era mío.

Este episodio me sirvió para verle las orejas al lobo. Me di cuenta de que dejarme estar deprimida y alimentar los pensamientos de suicidio podría salir caro. El entierro más barato eran unos cuatro mil euros.

Sentí dentro, muy dentro, casi al fondo de mí, que en realidad no me quería ir. No quería hacerles eso a los seres queridos que me quedaban. Tenía mucha niebla mental, pero pude ver que esa idea pesaba aún más que la de dejar de sufrir. Había pasado meses pensando que sí quería hacerlo, pero resultaba que, una vez más, aunque estuviera convencida, no tenía razón. Con todo lo que estaba sufriendo, prefería quedarme antes que provocar más dolor. No quiero ponerme sentimental, pero puedo asegurar que el amor que les tengo me salvó la vida.

Sé que he quedado muy bien diciendo eso, pero tampoco quiero hacerme la heroína. Reconozco que el miedo a morir fue aún más fuerte que el que sentí en el metro, y eso también me tiró para atrás. Me daba terror lo desconocido que me esperaba al dejar este mundo. Y menos mal.

«Ya está. Se acabó —me dije—. Si de verdad no quiero irme, tengo que parar los pensamientos de huida. No más soñar con dejar de sufrir. Tengo que aceptar que no me voy a librar de esto, al menos por ahora».

Supe que tenía que cambiar el chip por completo. Si me quedaba era para estar lo mejor posible. Lo que no quería era estar en esas condiciones, así que necesitaba un cambio de estrategia. Más bien, necesitaba una estrategia.

Hice un trato conmigo misma, porque a esas alturas ni se me ocurrió llamar a Dios. Era el siguiente: «Si las cosas se ponen demasiado feas, me iré. Pero antes voy a poner todo de mi parte para mejorar, y voy a tener paciencia». No sabía qué significaba «demasiado feas» porque ya me parecían horribles, pero pensé que era cuestión de ir ajustando los detalles de este contrato mental. También tenía una segunda cláusula: me podía ir cuando mi madre se muriera, no antes. Y solo si María estaba en condiciones óptimas. Tampoco sabía el significado de «condiciones óptimas», pero pensé que lo averiguaría con el tiempo.

Me pareció un trato más que justo. Incluso me daba algo de esperanza. Solo tenía que aguantar, en el peor de los casos, unos cuantos años más y tendría paz. Por fin veía la recompensa en esta vida.

Hasta que llegara ese momento, mi participación en el trato me mantendría entretenida. Esa parte me resultaba muy desagradable, porque implicaba sentirme totalmente inútil y débil por tener que aceptar lo que era un secreto a voces: que necesitaba ayuda.

Era hora de buscarla.

7—

TERAPIA DE CHOQUE

UNA DE LAS MAYORES LOSAS que me impedía ya no progresar, sino tener fuerzas para empezar a sanar, eran las pesadillas diarias. No me daban tregua.

Seguía teniendo miedo a dormir, lo que más me gusta en el mundo, porque las pesadillas eran tan reales, vívidas, creíbles y dolorosas que la mejor opción era no enfrentarse a ellas. Si, para evitarlas, era necesario no dormir, lo intentaba con todas mis fuerzas. Como resultado, estaba cada vez más cansada y triste. Aquellos sueños terroríficos disminuyeron en número porque dormía menos, pero no habían perdido ni un ápice de su calidad.

Cuando tienes una pesadilla una vez, es probable que te estropee las primeras horas del día o incluso la jornada completa. Tenerlas cada noche es vivir en una espiral de terror continuo del que no hay escapatoria. Cuando aún te estremece el sueño de la noche anterior, te toca enfrentarte al siguiente. De ahí sí que es difícil salir.

Al menos no me podía quejar del repertorio, eso sí. Los sueños siempre tenían a Miguel como protagonista: una noche tenía cáncer terminal, otra nos intentaba matar a María, a mi madre y a mí, otra se tiraba por la ventana. Esta última era la menos original. Unas noches le daba un infarto y se moría de golpe, y otras desaparecía porque le habían secuestrado. El *leitmotiv* de mis sueños era la ausencia abrupta de Miguel, eso estaba claro, pero mi cerebro se empeñaba en desarrollar una superproducción diaria distinta, por si me quedaba alguna duda de lo sucedido: no iba a estar cuando me despertara, pero tampoco cuando dormía.

Una vez que mi cerebro se quedó sin tramas, le dio más protagonismo a otros personajes, aunque seguía produciendo *thrillers*. Empecé a soñar que mi padre venía a hacernos daño y no podíamos escapar, que mi madre tenía una enfermedad terminal y se moría, que María se suicidaba e incluso que Gori, mi perra, se tiraba por la ventana. Pensé que se había matado, pero me llevé una alegría tremenda cuando lo único que le pasó fue que se despellejó una de sus patas traseras. Parecía que tenía tres patas de perro y un muslo de pollo al horno. Me pareció una consecuencia tan irrelevante después de haberse tirado por la ventana que hasta me resultó bonito ese nuevo *look*.

Mis sueños absorbían gran parte de mi realidad y me dejaban una sensación de malestar que duraba todo el día. Me mantenían en el bucle de ese miedo que paraliza, por si pasaban otras cosas horribles en cualquier momento. Las pesadillas reforzaban esa creencia con humo, porque no eran ninguna señal realista de que fuera a pasar algo malo otra vez, pero parecían totalmente reales.

Cuando intento recordar la segunda mitad del 2016 y los años siguientes, no soy capaz de nombrar ningún acontecimiento relevante que sucediera en el mundo exterior. Está todo muy borroso. Las lagunas mentales afectaron a los recuerdos de mi vida, pero, sobre todo, al resto del mundo. De hecho, hace poco me enteré de algunos sucesos importantes que tuvieron lugar y que para mí pasaron desapercibidos. Lo de La Manada, por ejemplo. Fui consciente de ello en 2019, cuando empezó a haber consenso de que había sido una atrocidad. De primeras ya me lo pareció, así que, viéndolo así, a eso no llegué tan tarde.

En 2023 me enteré de que Leiva había sacado un disco increíble en 2016, siendo él de mis cantantes favoritos, y del caso de Rosa Peral, siendo yo una apasionada del *true crime*. Es muy curioso vivir por primera vez el pasado en el futuro. Lo recomiendo, pero solo si no hace falta tener una experiencia traumática para conseguirlo.

Lo único que atraía mi atención era lo que pasaba en mi cabeza, despierta y dormida. No podría elegir cuál prefería, porque eran la misma cosa. Lo que no recomiendo es no descansar con estrés postraumático. Aunque no puedes, porque él mismo te lo impide. Es una relación muy complicada, por eso prefiero dormir sola.

Aunque estaba cansada, seguía empeñada en recorrer el nuevo camino que tenía en mente para intentar mejorar. Para ello, tomé dos decisiones que creía fundamentales. La primera, ir a terapia. La segunda, poner todo mi empeño en dejar de verme como una víctima de la vida. Sin quitar un ápice de dolor ni de gravedad a lo que había pasado, y a lo que estaba viviendo, sentía que tenía que cambiar mi actitud hacia la vida o iba a perder mucho dinero en psicólogos. Y, lo más importante, mucho tiempo.

Me pareció una tarea más que difícil. Llegué a pensar que sentirme víctima formaba parte de mi personalidad, así que ni siquiera estaba segura de que pudiera dejar de serlo. No me conocía de otra manera, pero estaba dispuesta a darlo todo, y eso formaba parte de ese todo.

Me había dado cuenta de que era adicta al drama y de que, como con cualquier adicción, iba a ser complicado cambiarlo, más aún habiendo sido así siempre. Darle la vuelta a algo tan profundo es incómodo y doloroso, pero vivir así también lo era. El laberinto del mártir es angustioso y deprimente.

Empecé a repetirme que tenía que haber otra manera. Tenía que haber algo mejor, por pura estadística. Me agarré a ese clavo ardiendo y saqué toda mi fuerza de voluntad para dejar de compadecerme a mí misma.

Después de todos estos años, no puedo más que reírme cuando alguien dice de forma muy seria y tajante que la gente no cambia. Claro que cambia, pero tiene que querer. Es como conseguir cualquier otra cosa. Es una de las lecciones más sencillas de la vida: el que quiera peces, que se moje el culo. La gente no nace siendo ingeniera, se esfuerza y lo consigue. Es lo mismo. Solo que se sufre bastante más cambiando lo que no te gusta de ti y te hace infeliz que estudiando una ingeniería, eso está claro.

Pensé que ya había dado el primer paso, porque me había reconocido y aceptado como víctima, y eso me llenaba de orgullo y satisfacción a la vez que me ponía triste por todo el duro camino que me quedaba por delante. Ahí estaba otra vez la mentalidad victimista. Me alegré, porque creía que era el segundo paso: detectar el patrón cada vez que apareciese para corregirlo. Es como el meme de Spiderman, tienes que darte cuenta de cuándo tú estás siendo tú, y señalarte.

Por si esto último no fuera suficiente, decidí empezar con la terapia. Todo a la vez.

Concerté una entrevista con el mejor despacho de psicólogos, según internet, para tratar el duelo. Una vez allí, me recibió una chica amable, elegante y distinguida que hablaba a un volumen similar al mío, por lo que me cayó bien de inmediato. Decidí que se llamaría Anastasia; le pegaba mucho más que su nombre.

Aunque mi sistema nervioso quiso ser su mejor amigo desde el momento en el que vio que hablaba bajito y despacio, cambié de opinión cuando, después de contarle lo que pasó la tarde del 16 de junio, me dijo que no había procesado nada porque lo relataba como si estuviera contando una película. Me dijo que no asumía que Miguel se había ido y que, en última instancia, y en un periodo de tiempo relativamente corto, además de hacerlo, me tendría que despedir de él. Esas últimas palabras resonaron en mis oídos como la mayor ofensa jamás presenciada. Casi me levanto y me voy. «Señorita, claro que le cuento una película, porque es lo que he vivido. Vengo a que me ayude a procesarla, pero nadie, en ningún momento, ha hablado de despedirse. ¿A que te despido yo a ti, aunque no te haya contratado? Es precisamente la ausencia de mi hermano lo que no me deja vivir y hace que me quiera ir con él, ¿cómo nos vamos a despedir? El plan es justo el contrario».

Despedirme de Miguel, ¡menuda locura! Habían pasado meses y en ningún momento se me cruzó por el cabeza nada parecido. No creí que fuera a ser capaz de hacerlo nunca. Seguía sin poder quitar su nombre del buzón, y su camiseta seguía intacta en mi armario. Incluso amontonaba mi ropa para que no se rozara y conservara su olor.

Despedirme de él me sonaba a aceptar que no volvería y yo aún tenía esperanzas. Me negué en redondo a volver a pensar siquiera en ese tema, pero no se lo dije.

Salí de la entrevista con una mezcla de emociones. Por una parte, Anastasia parecía seria y profesional, pero, por otra, yo estaba tan convencida de que se equivocaba con lo de que tenía que despedirme de Miguel que no sabía qué decisión tomar. ¿Sería buena idea hacer terapia con una psicóloga que me aconsejaba semejante locura? Si me estaba diciendo esa estupidez, ¿era realmente competente?

Lo dejé reposar unos días. Ya en frío, llegué a la conclusión de que sería buena idea hacer terapia con ella. No tenía ánimos para buscar más psicólogos y me había caído bien, aunque estuviera equivocada. Todos cometemos errores. Correría un tupido velo tras su infame sugerencia de despedida, porque de lo que necesitaba urgentemente despedirme era de las pesadillas y ataques de pánico diarios.

Por desgracia, era la primera vez que hacía terapia, por lo que estaba muy nerviosa. Mi sensación era la de enfrentarme a un examen cada vez que iba porque no sabía si lo estaba haciendo bien. Además, me cuesta mucho confiar en la gente. Eso no me ayudaba a abrirme y, si no me abría o, más bien, me rompía, no podíamos hacer nada.

Las primeras sesiones fueron charlas demasiado formales, hasta que me fui relajando y me olvidé de que estaba hablando con una desconocida. Mérito suyo. Recuperó los puntos que había perdido el primer día porque, además, nunca me volvió a sacar el tema de la despedida.

Anastasia me hablaba tan claro y de forma tan natural del duelo y de cómo me sentía que dejé de detestar y rechazar esa palabra. En mi menté se instaló la posibilidad de permitirme estar mal. Pensé que ya estaba en el Camino de Santiago de aceptar la nueva realidad.

Tuvimos varias sesiones dedicadas en exclusiva al tema de las pesadillas, pues acordamos que sería la prioridad. Deberíamos habernos centrado también en los ataques de pánico, pero eso lo dejamos a un lado. *Yo* lo dejé a un lado, porque no se lo había contado. Me seguían dando tanta vergüenza que quería solucionarlo sola. ¿Cómo? Ni idea. Dejaba pasar el tiempo para ver si ocurría un milagro y me llegaba la sabiduría para combatirlos por ciencia infusa o para que se fueran como habían llegado.

Cada semana tenía que relatarle las pesadillas que había tenido con todos los detalles que pudiera, una y otra vez. Mientras tanto, ella apuntaba, me escuchaba o me hacía *tapping* en alguna parte del cuerpo. El *tapping* es una técnica que consiste en golpear levemente distintos puntos del cuerpo mientras estás recordando algún suceso desagradable para liberar las emociones negativas y calmar el sistema nervioso central.

También probamos otras técnicas, como EMDR, que es la desensibilización y el reprocesamiento de traumas a través de movimientos oculares. Con esta estrategia no conseguí nada, creo que no estaba preparada para enfrentarme al recuerdo de lo que viví la tarde en que Miguel murió, y mucho menos para procesarlo. Ahora, casi ocho años después, la he vuelto a probar y es cuando he conseguido buenos resultados. Me monté en la tortuga de la terapia, pero la paciencia infinita funciona.

Revivir las pesadillas una y otra vez era una terapia de choque bastante fuerte. Era como si la vida me dijera: «¿No te apetece enfrentarte a toda la mierda que te acompaña a diario? Es una pena, porque la forma de librarte de ella es comerla para desayunar, almorzar, merendar y cenar».

La terapia era tan desagradable como efectiva. En pocas semanas, empecé a tener pesadillas relacionadas con Miguel con menos frecuencia. Poco a poco, fueron dilatándose más en el tiempo, hasta que volvieron a ser más habituales otras pesadillas comunes, como que los asesinos de Marta del Castillo se ponían muy pesados con ser mis amigos, que conocía y me comprometía con Jordi Wild en un mundial de patinaje sobre hielo o que me encontraba un bebé de cerdo en mitad del campo y quería cuidarlo, pero eso suponía renunciar a todo lo que quería hacer, porque era incompatible con cualquier otra actividad. Me tenía que dedicar a él por completo y dar mi vida laboral y social por terminada.

Estaba tan sorprendida como contenta con los resultados. Con la terapia, no con mis sueños.

En un momento de euforia, en vistas de que comer mierda tenía buenos resultados, me lancé a contarle los síntomas de los episodios que empezaron en el metro. Estaba tan optimista pensando que también podrían mejorar que la vergüenza pasó a un segundo plano.

Anastasia me dijo sin pestañear que era completamente normal tener esos ataques de pánico y ansiedad por cómo me encontraba. Y no pudo haber mejor momento para contarlo, porque fue el nuevo objetivo de las siguientes sesiones.

Si los ejercicios que hicimos para paliar las pesadillas me habían parecido desagradables, esto alcanzaba otro nivel. Me tenía que conectar con la ansiedad y eso me aterrorizaba. Me provocaba ansiedad solo pensarlo. Supongo que justo esa es la razón por la que tendemos a obviarla y enterrarla de primeras, lo que solo favorece el efecto rebote. Al final, es como Hacienda: no te puedes escapar de ella.

El trabajo fue tan intenso que, un día, en mitad de una sesión, me dio un ataque de pánico. Estaba tumbada con los ojos cerrados y Anastasia me estaba haciendo una relajación en la que tenía que visualizarme descendiendo por un ascensor bajo tierra. De pronto, me asaltó un pensamiento: «Tú no tendrás claustrofobia, ¿no?». Jamás había sentido nada parecido, pero tenía tales niveles de ansiedad que solo de pensar en la posibilidad de padecerla empecé a experimentarla. Y eso que simplemente visualizaba que estaba en un ascensor, ni siquiera era real que estuviera en él. Me asombré del poder que tiene la mente.

Estaba tan agobiada que me di cuenta de que apretaba los ojos mucho. Respiraba muy fuerte y de forma entrecortada. Anastasia me preguntó si podíamos seguir. Supongo que habría notado algo. Le dije que sí, simulando que no pasaba nada. Me moría de la vergüenza de confesar que me estaba dando un ataque de pánico porque mi cerebro pensaba que verdaderamente me encontraba en un ascensor. Me parecía más tonto que buscar tu nombre en Google.

No era capaz de comunicar lo que me estaba sucediendo sin sentirme culpable, ni siquiera en el entorno más propicio y con una persona que ya sabía cómo me ponía. Recordándolo ahora, me estremezco al pensar en lo poco segura que me sentía entonces. Seguía teniendo miedo a mostrar mis debilidades y a que me juzgaran. O, aún peor, a que alguien me dijera que me había vuelto loca.

Logré calmarme al repetirme mentalmente que todo estaba bien durante la relajación que estaba haciendo. Cuando terminamos, decidí armarme de valor y ser sincera, aunque me diera vergüenza, sobre qué me había parecido. Básicamente, recordé los setenta euros que pagaba por cada sesión para mejorar.

Por aquel entonces no tenía mucho dinero y me dolía soltar cada céntimo, así que mi miedo a ser pobre superó todos los demás. Le conté lo que me había pasado. Me dijo amablemente que la próxima vez no tenía que sufrirlo o pasarlo sola, sino decírselo; así ella podría cambiar la forma de la relajación, porque no tenía mayor importancia hacerlo de una manera u otra. O sea, que había pasado un mal trago para nada. ¡Maldita sea!, no hacía falta que me sacrificara por lo que pensaba que era mi honor.

También me dijo que podría haber aprovechado el momento para enseñarme una técnica que frenara el ataque. Le dije que esa propuesta me interesaba mucho, porque me estaban dando ataques diariamente, así que dedicamos las siguientes sesiones a eso.

Siempre me acordaré del sistema que me enseñó para parar y relajarme en medio de un ataque, o incluso impedirlo antes de que se desatase. Y más me vale acordarme, porque me ha funcionado durante años, incluso cuando solo he tenido nervios. Ahora, por suerte, puedo identificar cuándo me está aumentando la ansiedad y procuro frenarla antes de llegar al límite.

La técnica era muy simple: me hizo recordar varias veces un momento en el que hubiera sido feliz mientas apretaba con bastante fuerza los dedos índice y pulgar derechos en un punto de la mano izquierda. Estuvimos el suficiente rato hasta que se aseguró de que mi cerebro habría hecho la relación entre apretar ese punto concreto y la sensación que me provocaba ese recuerdo.

La parte más complicada de ese ejercicio fue encontrar un recuerdo feliz. Parecía que se habían borrado todos. Cuando Anastasia me dijo que cerrara los ojos y eligiera uno, lo primero que pensé fue: «Pero ¿has sido feliz alguna vez? No, basta. No vamos a tener este debate ahora —me dije—. Escoge uno con Gori o Tete, así te aseguras de que ha sido feliz o, al menos, de que sentiste claramente amor y paz».

Me sorprendí tomando las riendas y obligando a mi mente a obedecerme. No volvió a chistar. Era muy importante hacer bien esa técnica. Sentía que era cuestión de vida o muerte —casi literalmente—, así que no estábamos para tonterías en ese momento. Ya habría tiempo de divagar y de ponerse intensa.

La usé continuamente desde aquel día. En la consulta hicimos varias pruebas, recordando la tarde del 16 de junio. Era tan rápido y efectivo que parecía brujería. La brujería de cómo funciona la cabeza.

Fue otro resultado más de la terapia en, relativamente, pocas semanas. Eso me dio muchos ánimos. Controlar los ataques de pánico me cambió la calidad de vida. La idea de volver a ser funcional por completo iba y venía. Un día hasta me sorprendí al darme cuenta de que ya no sentía pena de mí misma. Tampoco es que fuera plenamente consciente de que antes me diera lástima, pero entiendo que el victimismo es también eso. Igual que ser negativa. Reconocía que lo había sido siempre y empecé a esforzarme como nunca por cambiarlo, porque estaba comprobando en mi propia piel que lo único que no podemos cambiar es la muerte.

A pesar de tener estas buenas noticias, me seguía sintiendo muy sola, muy perdida y sin verle el sentido a la vida. Sentía que no pertenecía a ningún lugar, estaba completamente fuera de todo. Intentaba convencerme de que en algún momento eso también cambiaría, aunque fuera de intensidad. Podía vivir con el pensamiento de que siempre me sentiría así, pero de otra manera. O también podía intentar aceptarlo, para que ya no me perturbara, aunque estuviera ahí. Medité esta opción y me di cuenta de que era demasiado grande para poder aceptarla.

Demostrarle a mi cerebro que había cambiado la situación respecto a las pesadillas y la ansiedad hacía que me apoyara y quisiera seguir en el camino de la reconstrucción. Él mismo estaba experimentando las mejoras, no me podía convencer de lo contrario.

Paralelamente, mi cabeza empezó a interesarse por otras cuestiones, ya que tenía tiempo libre. Me puse a pensar qué sería de Miguel. Si seguiría existiendo de alguna manera, dónde, si estaría bien, si la película de *21 gramos* se refería al alma, si todos teníamos una y si es eterna. En resumen, qué hay después de la muerte. Si todo en este mundo es energía, y la energía ni se crea ni se destruye, Miguel andaba por algún sitio. Hasta entonces, creía que había más vida después de la muerte, pero tampoco me había puesto a investigar, porque, como la mayoría de las personas, prefería no prestar atención al tema. Muchas veces mi leve teoría se desvanecía, porque pensaba que estaba equivocada o que tenía muchos cabos sueltos, lo que me hacía deprimirme más. Después pensaba que, si esta vida no tiene sentido y es todo lo que hay, era una estafa tremenda. Eso pasó a ser una de mis principales intrigas, no solo por saber qué había pasado con Miguel, sino, ya de paso, con todos los demás que se habían ido y con los que nos iremos.

No sabía por dónde empezar a indagar, estaba bastante perdida. Lo dejé estar hasta que un día, como cualquier otro, abrí Facebook y me di de bruces con una publicación que compartía la oración de san Agustín *La muerte no es el final:*

La muerte no es nada, solo he pasado a la habitación de al lado.
Yo soy yo, vosotros sois vosotros.
Lo que somos unos para los otros seguimos siéndolo.

Dadme el nombre que siempre me habéis dado. Hablad de mí como siempre lo habéis hecho. No uséis un tono diferente.

No toméis un aire solemne y triste.

Seguid riendo de lo que nos hacía reír juntos. Rezad, sonreíd, pensad en mí.

Que mi nombre sea pronunciado como siempre lo ha sido, sin énfasis de ninguna clase, sin señal de sombra.

La vida es lo que siempre ha sido. El hilo no se ha cortado. ¿Por qué estaría yo fuera de vuestra mente? ¿Simplemente porque estoy fuera de vuestra vista?

Os espero; no estoy lejos, solo al otro lado del camino.

¿Veis? Todo está bien.

No lloréis si me amabais. ¡Si conocierais el don de Dios y lo que es el cielo! ¡Si pudierais oír el cántico de los ángeles y verme en medio de ellos! ¡Si pudierais ver con vuestros ojos los horizontes, los campos eternos y los nuevos senderos que atravieso! ¡Si por un instante pudierais contemplar como yo la belleza ante la cual todas las bellezas palidecen!

Creedme: cuando la muerte venga a romper vuestras ligaduras como ha roto las que a mí me encadenaban y, cuando un día que Dios ha fijado y conoce, vuestra alma venga a este cielo en el que os ha precedido la mía, ese día volveréis a ver a aquel que os amaba y que siempre os ama, y encontraréis su corazón con todas sus ternuras purificadas.

Volveréis a verme, pero transfigurado y feliz, no ya esperando la muerte, sino avanzando con vosotros por los senderos nuevos de la luz y de la vida, bebiendo con embriaguez a los pies de Dios un néctar del cual nadie se saciará jamás.

Amén.

La tuve que leer varias veces. Estaba sin aliento y, al mismo tiempo, sentía calma en el corazón, justo donde me habían llegado sus palabras, como si las hubieran lanzado con una flecha. Rompió el cristal que me envolvía por dentro impidiendo que saliera el dolor. La grieta se empezó a abrir y comenzó a brotar todo el sufrimiento al que había rechazado enfrentarme. Lloré todo lo que no había podido llorar en meses. Parecía que estaba pelando una cosecha entera de cebollas. Era un proceso natural pero muy incómodo.

Pensaba en la imagen que me había producido mucho tiempo atrás la canción de Leona Lewis *Bleeding Love,* en la que habla de estar cerrada al amor por no querer experimentar el dolor. Cuenta que está congelada por dentro hasta que, un día, todo cambia porque se enamora de verdad. Todos a su alrededor piensan que está loca, pero le da igual, porque *sangra amor*. A Miguel y a mí nos encantaba. Entonces cobró mucho más significado, porque de verdad sentía que estaba sangrando. Dolor, pero también amor. En ese momento no me sentí sola. Al revés, me sentí abrazada. Una vez más.

Pensé, y no me equivoqué, que ese *sangrado* sería para siempre. No iba a haber menopausia capaz de pararlo.

Seguí leyendo la oración de san Agustín una y otra vez, despacio, intentando captar todos los significados que tuviera. Algo me decía que no había sido una casualidad encontrarla.

Me daban escalofríos de lo real que parecía. Era verdad que Miguel seguía siendo lo que siempre había sido para mí, eso no había cambiado. En ese momento, pensé que estaba en la habitación de al lado. Me lo imaginé haciendo aspavientos con los brazos y gritando que me había mandado ese texto. Pensé que no se había dado cuenta de que ahora podía atravesar paredes y venir a mi cuarto sin problemas. Me reí sola imaginando esa situación.

Tomé aquellas palabras como una señal, no sé si porque lo necesitaba o porque de verdad lo eran. Nunca nadie me podrá demostrar a ciencia cierta una cosa o la otra. Cada uno puede elegir lo que quiere creer y, por mucho que nos fastidie, no sabemos quién tiene razón. Y, a fin de cuentas, ¿qué importa tener razón?

Conociendo a Miguel, era una señal. Sé que estaría haciendo todo lo posible para no preocuparnos. Fue la primera vez que pensé en la opción de que estuviera bien. Eso me hizo sentir algo de alivio y bastante envidia.

Entonces dejé de llorar por él y empecé a llorar por mí. Si él estaba bien, lo que me producía tristeza es que yo no lo estaba. Me sentía abandonada y, para qué mentir, muy desgraciada. En ese rato, me permití sentirme así. No todo va a ser hacerlo bien continuamente en este mundo que tan pocas veces está bien. Al menos reconocía mi actitud y ya me parecía bastante, porque me importaba bien poco cambiarla en ese momento.

Aunque mis pesadillas y mi ansiedad habían mejorado, seguí haciendo terapia con Anastasia. Ahora que había conseguido llorar de dolor por la pérdida, me parecía una ventaja que podía aprovechar en las sesiones, de cara a integrarlo todo. Ya lloraba al contar la película, era un gran paso.

Me acuerdo de que, un día, Anastasia me habló de la crítica interior. Me preguntó si la podía identificar. Por supuesto: es la pequeña dictadora que tengo dentro y que trataría mejor a Hitler que a mí. Hasta años después no me metí de lleno en ese tema, pero esa charla nunca se me fue de la cabeza, como la voz crítica.

En esos días, me di cuenta de lo importante que es ir a terapia, aunque solo sea por el hecho de que un profesional te escuche y te sientas comprendida. Cómo cambian las cosas cuando dejas de pensar que eres un bicho raro meramente por experimentar lo que te está pasando.

Desde entonces, he probado y sigo probando terapias muy distintas. Cada una me ha ayudado cuando la he necesitado y he estado preparada para recibirla. Algunas hasta un punto y otras siguen sirviéndome aún hoy, con este tema y con muchos otros. Creo que tener la mente abierta en este aspecto es fundamental, sobre todo si se trata de ayudarte a entender y estar mejor.

Anastasia me explicó que el estrés postraumático tan fuerte que tenía se debía a haberlo vivido en primera persona. Además, se juntaba con el miedo que nos sobreviene a todos cuando nos enfrentamos a la muerte porque, inconscientemente, nos recuerda que nosotros también vamos a morir.

Este tema es tan tabú y está tan enterrado, nunca mejor dicho, ni siquiera somos conscientes del miedo que le tenemos. Lo desconocido atemoriza. Por eso, se puede terminar manifestando de maneras muy enrevesadas, como los ataques de pánico en el metro surgidos de la nada, aparentemente.

Como estaba mejorando, Anastasia me preguntó si me parecía bien que empezáramos a trabajar en el trauma para intentar asumir e integrar lo que pasó. Le dije que sí, aunque por dentro estaba gritando con todas mis fuerzas que no y que quería dejarlo todo como estaba y no revivir nada. El caso era que tenía que intentar también eso si quería avanzar.

Estaba muy nerviosa por la novedad de lo que íbamos a hacer, hasta que Anastasia me pidió que le hablara de mi relación con Miguel. «Eso es fácil —pensé—. Te lo cuento sin problema».

En cuanto empecé a hablar, me di cuenta de que no iba a ser tan sencillo. Intenté expresarle con palabras lo mucho que nos queríamos, pero creo que jamás podría decir nada que hiciera justicia a la realidad.

He pensado muchas veces en este tema. Creo que nos llevábamos tan bien y nos queríamos tanto precisamente porque éramos muy parecidos. Por eso seguía sin poder mirarme al espejo. No he podido hacerlo sin que me doliera hasta hace relativamente poco.

También teníamos el mismo sentido del humor y coincidíamos en un montón de gustos. Supongo que es una mezcla de genética y de haber crecido juntos, pero, sobre todo, unidos. Él era mayor, así que me enseñaba todo lo que iba descubriendo. Una de mis primeras palabras fue *patatollas,* mi interpretación de *gilipollas,* gracias a que María y él estaban empeñados en transmitirme los conocimientos imprescindibles para la vida.

Cuando Miguel venía ilusionado con alguna novedad, automáticamente a mí también me gustaba, sin pasar ningún filtro. Al fin y al cabo, era mi referente y me fiaba ciegamente de él. También adoptaba ese nuevo gusto porque compartir más cosas suponía pasar más momentos juntos. Así ocurrió con *Dragon Ball,* la serie de anime japonés basada en el manga de Akira Toriyama que le volvía loco. Me acuerdo que de pequeños nos despertábamos muy temprano los fines de semana e íbamos en silencio hasta el salón. Encendíamos la tele con todo el cuidado que un niño puede tener y sintonizábamos el canal donde la echaban. La veíamos sin sonido para que no se despertara nadie y no nos regañaran. Al cabo del rato, nos volvíamos a acostar y nos hacíamos los dormidos hasta que era la hora *legal* de levantarse.

Descubrimos el mundo de la mano. Por eso teníamos una conexión que no he tenido con nadie más y que sé que jamás voy a volver a tener. Además de todos los gustos, compartíamos una misma visión sobre muchas cosas, creo que porque éramos muy similares en el temperamento y eso hacía que nos entendiéramos con solo mirarnos.

¿Cuántas veces hemos buscado la mirada del otro para decirnos algo, y cuántas hemos tenido que mordernos la lengua para no reírnos? Había veces en que le rehuía a propósito, porque no sabía si iba a poder contener la risa.

He llegado a pensar que ahora lo veo así porque he idealizado la relación que teníamos, pero no. Siempre lo recuerdo así, haciéndonos bromas el uno al otro, asustándonos, haciéndonos pasar vergüenza..., siempre riéndonos. Ya no pienso en llamarle o escribirle para contarle las cosas graciosas en cuanto me pasan, como he hecho siempre. Pero aún se las quiero contar y, de hecho, muchas veces lo sigo haciendo. Le veo reírse, con su cara de niño travieso, sus ojos achinados como los míos y soltando carcajadas muy fuertes, tan fuertes como la conexión que teníamos.

Cuando mi madre hacía algo divertido, que suele ser muy a menudo, también se lo escribía o esperaba emocionada para contárselo cuando hablábamos por la noche. Escuchar cómo se reía era como una palmadita de la vida en la espalda; que algo tenía sentido y estaba bien en este mundo caótico. Me hacía sentir útil. No entendía qué hacíamos aquí ni el porqué de nada, pero que Miguel estuviera era un oasis en medio del desierto. «Qué señora», decía siempre refiriéndose a mi madre, y nos reíamos juntos. Es uno de los mayores actos de amor que hemos tenido el uno con el otro: querer compartir la risa.

Cuando voy por el pasillo de casa —que es muy largo—, aún le veo muchas veces caminando normal, y cómo de pronto se para y me hace un calvo muy rápido. Prefería mil veces eso a que esperase en cualquier esquina para darme un susto. Con lo asustadiza que soy, tenía miedo de que me diera un paro cardiaco. Le regañaba mucho, pero él seguía haciéndolo.

En eso se esforzó a partes iguales. En hacerme reír y rabiar para reírse él.

La relación que teníamos es lo que se espera de unos hermanos, así que podría decir que de cara a la sociedad nos hemos matriculado con honores. No me gusta cumplir las normas sociales, pero esta podría ser la excepción.

Apenas nos peleábamos. Probablemente haya pasado, pero llevo muy mal estar enfadada con alguien a quien quiero, y, siendo los dos tan parecidos, a pesar de ser cabezotas como nadie, teníamos que solucionar pronto el enfado. Tampoco recuerdo ninguna decepción. Salvo la de que no sobreviviera a la caída desde un decimotercero. Y que no volviera de entre los muertos, también; todavía estoy gestionando ese rencor.

A Anastasia le pareció suficiente todo lo que le conté sobre nuestra relación, así que dimos la sesión por finalizada y, por primera vez, me puso deberes. Me pidió que le escribiera una carta a Miguel, pero sin pensar demasiado, abandonándome a sentir lo que me viniera. Insistió bastante en que lo hiciera, porque era importante para la terapia y para mí. Me parecieron demasiados argumentos para lo que creí que sería un ejercicio fácil y no puse ningún *pero* a hacerlo. Resultó una de las actividades más complicadas a las que me enfrenté entonces.

Hice varios intentos y fueron fallidos, porque nada más sentarme con la hoja en blanco lloraba solo de pensar que la carta era para él. Lo postergué hasta la noche antes de la sesión, cuando la vergüenza de no cumplir con aquello a lo que me había comprometido me venció.

En nuestra siguiente cita, me pidió que la leyera en voz alta. Me pregunté si Anastasia no se sentía mal por estar metiéndome el dedo en la llaga todo el rato, pero supuse que había debido de estudiar cómo gestionar eso también. Intenté hacerme la dura y leerla sin llorar. Me salió, como cuando le conté la película que había visto el 16 de junio, solo que esta vez tenía arcadas del llanto que estaba aguantándome.

30 de noviembre de 2016

Hola, Miguel:

Han pasado casi seis meses desde que te fuiste y sigue doliendo igual.

Después de tu marcha, vi que ya no podía con esto sola y no quería que dentro de un tiempo —porque yo me tengo que quedar aquí todavía— me hiciera daño tu partida del mismo modo o siguiera sin saber llevarla, así que dejé a un lado mis pensamientos de que pedir ayuda es de débiles y busqué una psicóloga. Siempre he pensado que la gente va al psicólogo por cualquier problema pequeño, pero he aprendido que no hay problemas pequeños, y que las personas somos muy distintas y tenemos nuestros tiempos. He aprendido tanto desde que no estás..., aunque preferiría no haberlo hecho y que estuvieras.

Me cuesta aceptar que no pidieses ayuda ni te dejaras ayudar, y que todo haya acabado así. Pero ya no tiene sentido darle vueltas a eso.

Tengo tantas cosas que contarte... No sé si voy mejorando o no. Creo que sí, porque estoy mejor de ánimo algunos días, pero también sé que es porque he evitado pararme a pensar en todo con detalle. Me va a doler tanto, y lo voy a pasar tan mal, que hago todo lo posible por evitarlo. Es como cuando tienes una herida y no quieres desinfectarla para que no duela más. Sé que eso tampoco es bueno.

Te estoy escribiendo porque Anastasia me lo ha recomendado. Yo quería hacerlo, pero lo he demorado todo lo posible. Pensar en que te tengo que escribir porque ya no te puedo hablar es muy duro y desagradable. De hecho, estar todo el día así es insoportable, por eso lo evito.

En estos meses no han pasado grandes cosas, la vida ha perdido magia y belleza sin ti. Eras de lo poco bueno que tenía. Pero aunque no te pueda ver, sé que estás aquí, que hay una parte de ti que siempre está conmigo y que no me vas a dejar sola nunca. Hay gente que dice que seguro que ahora eres un ángel, porque solo tenías bondad en el corazón, y creo que es verdad.

Mira qué estúpidos somos, te has tenido que ir para que eche de menos tus muestras de cariño, a las que siempre era reacia. Extraño tus abrazos y tus besos, me arrepiento tanto de no haberte dejado que me los dieras y darte yo mil más... Ahora los quiero y ya no me los puedes dar. Estoy intentando cambiar y decirle a la gente que la quiero, por todas las veces que no te lo dije a ti. Gracias a ti aprendí que necesitamos cariño y no solo como lo intento dar yo, con actos de amor, sino también físicamente. Al fin y al cabo, ¿a quién no le gustan el abrazo y el beso de un ser querido?

Fíjate, sigues influyendo positivamente en mí, cada día me haces mejor persona, aunque ya no estés.

El mundo es muy oscuro ahora, sin ti. Saber que no te voy a

volver a ver nunca es desquiciante. Si estuvieras aquí aprovecharía cada momento contigo y te cuidaría mucho más.

Cuando pienso en lo que pasó, ya no lo veo como una película o como una pesadilla, estoy empezando a entender que es la realidad. Eso fue lo que pasó esa tarde, y por eso ya no vas a estar nunca más. Qué tristeza aceptar eso. Qué vacío. Quiero pensar que detrás de este mundo hay algo mejor y que esto no es con lo que nos tenemos que quedar.

Otras veces siento agobio cuando pienso en ti. Las pesadillas y el recordar constantemente lo que pasó no han ayudado. Hoy he vuelto a pensar en lo que debiste de sufrir para hacer algo así; qué mal lo estabas pasando y nadie hizo nada. Ni tú, ni yo, ni los médicos.

Me da mucha pena que alguien con tan buen corazón haya tenido que sufrir tanto. También que los que nos hemos quedado tengamos que vivir con esto.

Creo que la parte buena que había en ti era muy pura, seguías siendo un niño. Es una pena que hayamos perdido eso. No entiendo por qué otra gente que solo hace daño sigue aquí y nosotros tenemos que seguir sin ti.

Ahora ya no pienso que las cosas no puedan ponerse más feas, porque sí pueden. Me conformo con lo que tengo e intento valorarlo, porque sé que podría ser mucho peor. Es muy frustrante darse cuenta de que los planes y las cosas que creías seguras ya no van a pasar y que todo puede cambiar en un segundo. Me toca seguir encontrando un hueco para colocar todo esto y continuar con una vida en la que no tengo nada asegurado.

Ayer fui al cementerio porque tenía ganas de hacerlo. De alguna manera quiero que sientas, donde estés, que no te olvido, y que siempre te voy a querer mucho, y que te echo mucho de menos. Te puse unas flores muy bonitas porque sé que te gustarían y que tú harías lo mismo por mí. Volveré pronto a cambiártelas.

Te quiero mucho. Ojalá no te hubieras ido. Te echo tanto de menos, pero creo que volveremos a estar juntos. Espero que estés bien.

Te mando todo mi amor.

CARMEN

Tuve la sensación de que lo que acababa de leer era un caos, y automáticamente me di cuenta de que era un reflejo perfecto de mi vida. No habría podido ser más sincera.

Esperé nerviosa el veredicto de Anastasia. Me pilló totalmente de sorpresa cuando me preguntó si me había dado cuenta de que estaba enfadada con él. Para nada. «No estoy enfadada —me dije—. Anastasia, eres muy buena para unas cosas, pero en otras patinas, amiga», pensé.

«Es normal que lo estés, y también que no lo hagas de forma consciente para no sentir culpa», me dijo. O sea, que sufro lo que no está escrito, nunca mejor dicho, para escribirle una carta y el veredicto es que estoy enfadada, me siento culpable, y de todo esto ni siquiera me había enterado. Me dejó de gustar la terapia en ese momento, no le veía el punto. Mi plan preferido seguía siendo que se resolvieran las cosas por sí solas con el simple paso del tiempo, y estaba pasando justamente lo contrario.

Me fui a casa dándole vueltas a lo que me había dicho. Según pasaron los días, esa idea fue teniendo más sentido, hasta que terminé reconociendo que estaba enfadada con él. Vamos que si lo estaba... Me sentía abandonada y sola. Se había ido una de las personas más importantes de mi vida con veintiséis años. ¿Cómo no me voy a enfadar? Llámame rara.

Esos días fui alternando la rabia con la culpa por no haber hecho nada para impedir la desgracia. Menuda montaña rusa es el duelo. No te da tiempo a aburrirte.

Recuerdo estar conduciendo un día en el que me sentía ya no abandonada, sino olvidada. No sabía si lloraba por la pérdida, por tener que seguir en este mundo, por sentirme la última mierda de este planeta o por el atasco que había. Mientras estaba inmersa en esta pesadumbre, se encendió el aparato de CD del coche, él solo, y empezó a sonar una canción que no había escuchado nunca de un disco de Gareth Gates que era de Miguel y que nos encantaba a los dos. No sé cuántos años llevaría ese CD en el coche. Pensé que lo había escuchado entero, pero jamás había oído esa canción. Era nueva y, a la vez, me sentía como si la conociera de toda la vida. Captó mi atención por completo desde que empezó. Era como si Miguel me estuviera hablando en voz alta desde allá donde estuviese ahora, como en la letra, bajo el corazón. Hablaba de que jamás nos íbamos a separar porque éramos lo mismo, y de la promesa de que no iba a dejarme sola nunca.

Tuve que parar para procesar lo que estaba escuchando. Me dio la risa al pensar que era él, porque incluso se parecía a Gareth Gates físicamente.

Aplicando, una vez más, el principio de la navaja de Ockham a mi manera, determiné que Miguel me estaba hablando. ¡Por fin! Me devolvió algo de esperanza. Y muchas más ganas de llorar.

Nunca me voy a olvidar de aquel momento. Durante estos años, me he puesto la canción en bucle las veces que la he necesitado. Han sido tantas que no podría contarlas. A veces, Spotify me la pone aleatoriamente porque ya sabe que le voy a pedir lo de siempre. Cómo no hacerlo, si es como comunicarme con Miguel. Siento que es su forma de decirme que sigue conmigo y que me cuida desde que se fue.

Si la canción era un mensaje suyo, pensé que quizá no fuera el primero. Entonces me acordé de la oración de san Agustín y de cómo sus palabras me llegaron de una manera cercana. Sentí que tenían la intención de consolarme.

Esta idea llegó y nunca más se fue.

¿Y si Miguel estaba de alguna manera vivo en otra parte? ¿Y si de verdad la muerte no es el final? Me dio alegría pensar que por fin algo tenía sentido.

Escuchar esa canción supuso un punto y aparte. Quise dejar de estar enfadada con él. No me parecía justo si había hecho ese esfuerzo para hablarme. En la siguiente sesión, después de hablar del enfado de nuevo, Anastasia me preguntó si quería hacer un ejercicio para sacarlo, y le dije que sí.

Hicimos otra relajación, pero esta vez me dijo que visualizara a Miguel en el presente. Le vi con una túnica blanca y unas alas muy grandes, en mitad de un prado. Salía de un sitio rodeado por una verja dorada para hablar conmigo. Estaba feliz y su cara reflejaba paz. Me dijo que estaba muy bien allí, que sentía mucho haberse ido y el dolor que nos había causado y que estaba siempre con nosotras.

Anastasia me pidió que le explicara a Miguel que estaba enfadada con él. Miguel me dijo que lo entendía. No es que estuviéramos hablando al uso, nadie pronunciaba ninguna palabra. Bastaba con mirarnos para comunicarnos, justamente como habíamos hecho siempre. Me hizo saber que él podía sentir todo lo que me pasaba. «Pues no te estarás aburriendo», pensé. Me hizo ilusión ir acompañada en la montaña rusa del duelo.

Le dije que quería perdonarle. Él me abrazó. Pasado un rato, me dijo que tenía que volver. Quise acompañarle, pero me hizo saber, con mucha calma y una sonrisa, que yo no podía pasar. Me resigné a mirar cómo entraba. Menudas alas más grandes vi cuando se dio la vuelta. Eran preciosas. Me acordé de que se quería hacer un tatuaje de san Miguel en la espalda, con unas alas enormes. Por lo menos eso lo había conseguido.

Ese ejercicio me dio más paz de la que me había imaginado, así que decidí seguir haciéndolo en casa. Total, me costaba mucho menos que escribirle.

Empecé a meditar unos minutos al día, intentando conectar con él. Al principio eran muy pocos, no aguantaba más de cinco, pero día tras día el tiempo fue aumentando. Desde entonces, medito prácticamente a diario. Ya no solo para conectar con él, sino también conmigo: para ir hacia dentro y ver cómo estoy, de qué me tengo que hacer cargo y si hay algo que transformar. Me ayuda a tener una paz y una claridad mental que le deseo a todo el mundo. Meditar tendría que ser una asignatura obligatoria en los colegios. Es algo que deberíamos usar toda la vida.

El tiempo y la calidad de la meditación fueron en aumento hasta que un día conseguí mucha más paz de la que estaba acostumbrada a tener. Al rato de cerrar los ojos e intentar dejar la mente en blanco, sentí que Miguel y yo éramos la misma alma; que no estábamos separados y que era imposible que lo estuviéramos o que esa esencia muriera. Éramos eternos e inmutables. Nada podía alterar eso. Proveníamos de la misma fuente. Es más, éramos parte de esa fuente. Fue como encontrar la verdad absoluta. Duró solo unos segundos, pero tuvo el suficiente impacto en mí como para que aún pueda recordarlo y para que me continúe sirviendo de vacuna contra el ritmo frenético del mundo y la falsa importancia que parece tener todo.

Al margen de lo que pueda resultar racional, ese momento me ancló más a este plano, porque le daba sentido: que el mundo físico no sea lo único que existe y que la muerte no sea la desaparición de lo que quiera que seamos me resultaba mucho más lógico y, sobre todo, mucho más esperanzador que si nada tuviera significado. Por fin una explicación que me podía calmar.

Llegué con ese pensamiento a la primera Navidad sin él, y menos mal. Si el dolor por su ausencia era como una mascota que me hacía compañía todo el tiempo, no me quiero imaginar cómo habría sido si me hubiera enfrentado a esa época sin un atisbo de luz. Agarrarse a ese clavo ardiendo me parecía el mejor plan, y eso que tenía claro que un clavo no saca a otro clavo.

Miguel adoraba la Navidad. Siempre llevaba la iniciativa para que pusiéramos el árbol, el belén, las luces... Le encantaba celebrarla y su emoción nos contagiaba y nos arrastraba con él. Poníamos villancicos en bucle. Bueno, ponían. María y él. A mí me gustaba verlos ilusionados, hasta que me empezaba a doler la cabeza del aturdimiento por las voces de pito de los niños que cantaban.

Desde que se fue, no hemos vuelto a celebrarla igual. De hecho, hasta hace poco, hacerlo me parecía una traición.

Durante todos estos años he odiado la Navidad y a todo aquel que quisiera celebrarla, porque sentía que yo me había quedado sin motivos y era lo más injusto del mundo. Claro que siempre he dado gracias por estar un año más con mi familia, aunque cada vez fuera más pequeña, pero la falta sigue acentuándose y es complicada de sobrellevar. Eso no va a cambiar nunca. Va a ser la tradición de cada año.

Al dolor, al vacío, a la tristeza y a la melancolía de la Navidad del 2016 se unió una culpa punzante solo por dejar ese año atrás. El paso del tiempo, uno de los pilares de este mundo que está fuera de mi control, me hacía sentir culpable. Creía que estaba abandonando a Miguel y que le iba a dejar en el pasado. Por suerte, me di cuenta de que, por mucho tiempo que pasara, no iba a dejar de ser mi hermano jamás. Nada iba a borrar lo que habíamos vivido. Eso también era inmutable.

Conseguí sobrevivir a esas fechas esquivando todas las convenciones. Siempre me he sentido fuera de cualquier ritual y comportamiento social, pero ese año la sensación se había multiplicado. Lo bueno era que la excusa de que necesitaba estar sola, algo que necesito muy a menudo sin que haya pasado nada, parecía ser lo suficientemente convincente. O quizá es que me daba igual lo que pensaran de mí, no lo tengo claro. La buena noticia es que sobreviví a diciembre y entré en el 2017 sin notar que estábamos cambiando de año.

A principios de enero, me empecé a angustiar porque sentía que no había avanzado. Me seguía costando salir de la cama, no tenía ilusión por nada y muchos días los pasaba lamentándome. Continuaba con la terapia, pero, al no ver cambios drásticos, pensé que no me estaba funcionando. Aunque no había vuelto a tener ataques de pánico y las pesadillas ya no eran diarias, no me parecía suficiente. El dolor era el mismo y eso me desesperaba.

Busqué más soluciones que no hubiera probado. Caí en los numerosos experimentos y descubrimientos del ser humano, así que decidí ir al médico para saber su opinión sobre darle química externa a mi cerebro.

Le conté lo que me pasaba y, mientras me escuchaba en voz alta, me di cuenta de que no me estaba dando vergüenza verbalizarlo. Era un gran cambio, pero no fui consciente de él, solo me sorprendió no sentirme mal al expresar lo que me pasaba.

Me dijo que entendía la situación y que estaba bastante bien para lo que había pasado. Me preguntó si quería tomar medicación y yo le fui sincera. Querer, querer, como quería dormir al menos diez horas al día, por ejemplo, no. Pero sí quería estar bien y entendía que pudiera ser necesario para lograrlo. Me dijo que teníamos dos opciones: podía mandarme algo ya o podíamos esperar, si me veía con fuerzas, a ver qué tal estaba en unas semanas. Si no notaba cambios, entonces sí me recetaría algo. Pensé que seguía viva después de meses, así que podía esperar unos días más.

Aparentemente, salí igual que entré de la consulta, pero la procesión que llevaba por dentro se había apaciguado. Estaba mucho más relajada, porque, de nuevo, una persona externa me había dicho que era normal estar así. Parecía que el tratamiento adecuado para mí era que alguien distinto me fuera recordando, cada cierto tiempo, que estaba bastante bien para lo que había pasado. Me fui camino a casa repitiendo como un mantra que no había nada malo en mí, para ver si así me lo terminaba creyendo.

8 —

MEJOR REÍRSE

Los días después de ir a la doctora, puse un empeño extra en pensar en formas de ayudarme a mí misma. Por mi familia, por mí y por la doctora, en representación de todos los extraños a los que nunca he querido decepcionar, aunque ninguno haya esperado jamás nada de mí.

Estando en mi habitación, la que era de Miguel, se me ocurrió una idea tan sencilla como fácil de ejecutar, pero en la que no había caído en todos esos meses: «Si cada vez que entro en el cuarto me da ansiedad porque veo todo como lo vi aquel día, quizá sería buena idea cambiar la disposición de los muebles», reflexioné. ¡Qué maravilla! Mi cerebro servía para otras cosas, además de para crear ansiedad pensando que estoy constantemente en peligro de muerte.

En cuanto lo hice, era otro cuarto. Evidentemente, seguía igual: los mismos muebles, el mismo color en las paredes, la ventana, que nunca he vuelto a abrir por completo porque me da vértigo verla así... El orden alteró el producto, y el impacto al ver el cuarto era mucho menor. Ya no se me encogía el estómago ni se me aceleraba el corazón al estar en el marco de la puerta.

Estaba empezando a sentir una alegría ligera por haber dado ese paso cuando entró en la habitación, después de mí y sin llamar, una culpa muy grande. «Tenía que haber cambiado la puerta también por una blindada», pensé.

La culpa me agarró y me obligó a sentarme en la cama. Me dijo que había cambiado todos los muebles y que eso era una gran falta de respeto por mi parte hacia Miguel. Tras debatir un rato conmigo misma, ganó, por suerte, la razón sobre la emoción y, definitivamente, los muebles se quedaron así. Desde la técnica de la pinza de Anastasia, nada me bajaba tanto la ansiedad como ese nuevo orden.

Aprovechando que había ordenado el cuarto, quise seguir en esa línea y me propuse ordenar mi vida, objetivo fallido desde hacía años.

La muerte de Miguel me pilló en un momento vital bastante desastroso (¡como si hubiera algún escenario bueno para recibir ese acontecimiento!). Me refiero a que estaba totalmente perdida, laboral y emocionalmente, y eso no hacía más que poner piedras en mi camino.

Estudié Periodismo porque me apasionaba el tenis y quería ser comentarista de partidos, escritora de crónicas o periodista de la Asociación de Tenistas Profesionales. De cualquier forma, unía mis dos sueños: viajar por el mundo y escribir; todo ello viendo tenis gratis todo el tiempo. Me parecía la vida ideal.

Heredé la pasión por el tenis de mi padre. Me acuerdo de ver los partidos los domingos en el salón con él. Recuerdo la primera rueda de prensa en la que vi a Rafa Nadal. Tenía once años.Yo, aunque él también los aparentaba. Desde entonces, y durante más de una década, vi todos sus partidos, y ha sido una fuente de inspiración constante. De hecho, es la única persona con la que me he hecho una foto en mi vida. Yo no pretendía hacérmela, me moría de vergüenza y jamás le he visto el sentido a tener una foto con alguien famoso, pero se la pidieron por mí y no me pude negar a tener un recuerdo con el mejor deportista de la historia.

Como en bachillerato saqué matrícula de honor, la media con selectividad me dio para hacer un doble grado. Miré opciones que se pudieran compaginar con Periodismo y la que más me llamó la atención fue Comunicación Audiovisual. Pensé que con esa carrera también tendría la opción de presentar el telediario, por lo que me maquillarían diariamente, y eso me enamoró. De hecho, durante mucho tiempo no sabía si me decantaría por viajar alrededor del mundo o ser maquillada en un estudio cada día. Después descubrí que Comunicación Audiovisual englobaba más cosas y que los presentadores del telediario no iban con la parte de abajo del pijama porque la mesa los tapaba, como había creído siempre. Al menos, a esas alturas ya no le hacía burla a Matías Prats para hacerle reír mientras daba las noticias porque pensara que, si yo le veía a él, él también me vería a mí.

Lo mejor de los cinco años de universidad fue conocer a David y a Cristina. Aprendí más de amistad que de cualquier tecnología. Teníamos una cámara de televisión para ochenta personas, así que ni la olí. Todo lo que he aprendido ha sido por mi cuenta, como cualquiera de mi promoción.

Hice prácticas en varias revistas deportivas, realizando crónicas de partidos, fotos a jugadores e incluso entrevistas. Me daba igual si tenía que madrugar o despertarme en mitad de la noche porque en Quito estaban jugando un partido a las tres de la mañana sobre el que tenía que escribir. Estaba viviendo mi sueño. El único *pero* fue que jamás cobré, en ningún sitio. Me felicitaban mucho, eso sí, todo el rato. Así que se puede decir que me pagaban con palmaditas en la espalda.

Una vez, mi jefe me dijo que conseguirme el abono de prensa para el Mutua Madrid Open era como haberme pagado su valor. Yo iba, veía partidos, hacía fotos con mi cámara, entrevistaba a jugadores en castellano y en inglés, y después escribía los artículos en mi ordenador. ¿Tenía que estar contenta porque me facilitaran las condiciones para trabajar gratis? Nunca lo terminé de pillar, soy de letras.

Precisamente en ese torneo aproveché para pedir a un periodista que llevaba años en el oficio que me aconsejara qué hacer para cobrar por mi trabajo. Es verdad que era 2015 y la crisis del 2012 seguía haciendo de las suyas, pero me lo pintó todo tan mal que, sumado a lo cansada que estaba de trabajar gratis y que me echaran en cara las buenas condiciones que tenía, quise olvidarme del tenis para siempre.

Estuve meses sin poder ver un solo partido porque seguía enfadada.

Después me di cuenta de que me apasionaba el tenis, pero no que mi trabajo girara en torno a él. Me emocionaba ver a los jugadores y asistir a los torneos, pero las tareas que implicaba el trabajo no me llenaban. Ver en directo lo que siempre has visto en la tele causa emoción, pero, entre nosotros, en la tele se ve mucho mejor. Fue una época en la que tuve mucha presión por demostrar lo que valía y lo que hacía bien, en un mundo en el que era joven y pensaba que había que quitarse horas de sueño por trabajar. Nunca me llegué a sentir plena, y quiero pensar que no tenía nada que ver con el dinero, porque no volvería a hacerlo ni cobrando. Creo que disfrutar de tu profesión, en la medida de lo posible, debería ser uno de los objetivos principales a corto y a largo plazo. Puede sonar algo privilegiado o romántico, pero lo creo de verdad. Ya está la vida llena de cosas desagradables como para no hacer todo lo que se pueda por no estar ocho horas diarias amargado. Durante el tiempo que colaboré con esos medios lo había compaginado con otros trabajos remunerados, aunque fuera por poco, de cámara, sonidista y editora de vídeos. Cuando me despedí del tenis pensé que sería una buena idea seguir por el otro camino que había emprendido en la posproducción. Era infeliz, pero al menos ganaba dinero.

No le veía ningún sentido a dedicar mi vida a algo que no me llenara y, a la vez, me daba miedo que no hubiera nada en el mundo que consiguiera hacerlo jamás. El vacío existencial que sentía y lo absolutamente perdida, vocacionalmente hablando, que estaba me amargaban, pero como cualquier persona que está en esas condiciones, que piensa que no tiene ningún valor, que no se merece nada y que jamás va a conseguir estabilidad laboral ni financiera, ganar algo de dinero era la boya a la que me agarraba.

Pensé en ser azafata de vuelo, masajista e incluso cajera, pero en Mercadona me rechazaron. Menos mal, porque en la entrevista dije que no me importaba estar en la pescadería y sacar tripas de peces frescos, cuando soy más aprensiva que alérgica al frío. Habría sido una muerte de Hacendado.

Fantaseaba con otros trabajos, pero, en aquellos momentos, no tenía valor para cambiar de rumbo otra vez ni para empezar de cero. Tenía la confianza en mí misma de un cefalópodo, que, ante el miedo, lo único que puede hacer es cambiar de color. Yo cambié de castaño a pelirrojo, luego a moreno y hasta a rubio, pero seguía estando igual de asustada.

En esas estaba en junio de 2016. Lo único bueno es que esa crisis existencial desapareció en aquel momento, como desaparecieron mis ganas de vivir. Pero solo temporalmente. La crisis, digo. Las ganas de vivir me costó más trabajo recuperarlas.

Una de mis técnicas favoritas para sobrellevar el dolor por la muerte de Miguel era una vieja conocida: autoimponerme muchísimas tareas, mantener la mente ocupada para que no se ocupara ella de nada doloroso. Además, así me sentía útil y aceptada socialmente, porque seguía siendo una maquinaria en marcha que producía sin parar, que es lo que se supone que tenemos que ser en todo momento.

Como los trabajos de posproducción que tenía no eran estables, sino temporales, decidí complicarme aún más, siguiendo el camino que ya había empezado antes del desastre y que me quise seguir forzando a elegir. Decidí hacer un máster en Animación y 3D. La sensación de ser tonta y de no valer se multiplicó por millones, al igual que la infelicidad que sentía, porque detestaba ese trabajo mecánico. Me gustaba el resultado cuando me salía, pero lo que sufría haciéndolo no me compensaba en absoluto. Evidentemente, en ningún momento me paré a pensar en eso, y seguí existiendo en modo automático. Tan en automático que no me daba cuenta de la cantidad de veces a la semana que estaba saliendo de fiesta. Por suerte, esa racha duró poco, hasta que me empecé a oler algo... La peste a alcohol que se quedaba en el ambiente de mi habitación hasta la mañana siguiente.

Un miércoles tuve tanta resaca que me asusté, porque esa magnitud no correspondía a un día laboral. Recapitulando la noche anterior recordé que, después de haber salido de fiesta con la gente del máster, volví andando sola de madrugada durante más de una hora. Me di cuenta del peligro que tenía el alcohol, porque no había visto el riesgo al que me exponía.

Recordé esa noche y las semanas anteriores, y me di cuenta de que había pasado más tiempo fuera de casa bebiendo que dentro.

Vaya, no estaba intentando tapar el dolor únicamente con trabajo. Era *workaholic*, por la parte de *work* y de *alcoholic*.

Cuando valoré si podría llegar al baño sin vomitar, me di cuenta de que beber tanto también podía ser un síntoma de estrés postraumático. Unos meses atrás, había leído que un indicio habitual era el abuso de sustancias, y lo había descartado inmediatamente. Es muy peligroso que no contemplemos la gravedad del alcohol, solo por lo bueno que es para anestesiar el sentido común y el dolor. Físico y emocional. No hay ibuprofeno que me alivie más el dolor premenstrual que tres cervezas, y no había ninguna otra herramienta que paliara la ausencia de Miguel. Después, la realidad golpeaba no solo con más fuerza, sino también con resaca. Como dijo uno de los grandes hombres de la historia, Homer Simpson: «El alcohol, la causa y la solución de todos los problemas de la vida».

Me dio miedo pensar que podía llegar a ser alcohólica, como algún miembro de mi familia. Hacía tiempo había leído que hay un componente de predisposición genética en las adicciones, y me di cuenta de que podía meterme en ese pozo. También pensé que, si llegaba a eso, quizá mis ancestros se sentirían orgullosos de mí por seguir la tradición familiar. Tal vez incluso volcaran sus frustraciones en mí y esperasen que fuese mejor alcohólica que ellos.

Después de la recapitulación, la ducha y el vómito de la resaca, me di cuenta de que me estaba alejando del camino que me había prometido seguir para quedarme. Entendí que podría haber desvíos durante el trayecto, pero quise rectificar cuanto antes, una vez fui consciente de este. Parar la espiral de autodestrucción de manera gradual era primordial para mejorar mi estado anímico y mi autoestima.

Tener amor propio ha sido el trabajo más exigente al que me he enfrentado nunca. En este estoy indefinida y tampoco cobro.

En un arrebato de salubridad, reduje el consumo de alcohol y me apunté al gimnasio. Probablemente, una de las mejores decisiones que he tomado, y que, además, me ha llevado a enfrentarme a otros tantos demonios.

Toda mi vida había sido la gorda de clase. Bueno, una de ellas. Ni siquiera era especial en eso. Cuando era pequeña, empecé a engordar porque comía mucho más de lo que me correspondía. Pensaba que mi madre me daba menos cantidad de comida que a mis hermanos porque me quería menos y no porque ellos necesitaran más al ser mayores. Con todo, comía todo aquello que podía a escondidas para intentar llenar ese vacío de amor que sentía. También tenía mucho miedo de que nos quedáramos sin dinero y, por tanto, sin alimento. Eso también hacía que comiera más, por miedo a que me faltara. Desarrollé un mecanismo para paliar la ansiedad con comida que me llevó a tener una adicción tan fuerte como cualquier otra.

Ser gorda no es el papel que me hubiera gustado desempeñar: no creo que nadie lo quiera. Cuando a mí me tocó, significó que me elegían la última en todo, literal y metafóricamente. Tener sobrepeso es equivalente a no valer para nada. Se da por hecho que no te puedes mover, que el deporte no es lo tuyo. Pero, a la vez, te presionan para que vivas haciéndolo hasta que tengas un cuerpo que no moleste, que es lo único que importa. No hay ningún tipo de piedad si estás gordo.

Me he sentido como un auténtico monstruo la mayor parte de mi vida. Me he odiado como no he odiado a nadie y he repudiado mi cuerpo hasta obligarme a vomitar. Con catorce años, me puse por primera vez a dieta. No digo que no me viniera bien perder peso. Lo que seguro que no me venía bien eran las burlas, los desprecios, las miradas de pena, el rechazo y leer entre líneas que, si estaba gorda, había algo malo en mí y que no me merecía nada. Llegué a pensar que no era digna de estar viva.

Desde la primera vez que me puse a dieta, he vivido contando calorías, compensando, vomitando y dejando de comer solo para intentar adelgazar, porque eso significaba que me iban a aceptar, e incluso que quizá algún día me querrían. Ese ha sido el mayor sueño que he tenido: ser delgada para que me quieran.

Todavía hoy, tras reconciliarme con mi cuerpo, tengo momentos en los que siento un nudo en el estómago. Podría aprovechar ese nudo para no comer o continuar con otros hábitos tan poco saludables como comer en exceso, pero, por suerte, he entendido que mi cuerpo no se merece que lo castigue y, sobre todo, que mi valor no tiene que ver con los kilos que marque la báscula.

La primera vez que me di cuenta de que me podían querer a pesar de tener sobrepeso fue con dieciocho años. Tuve una amiga en bachillerato que era más corpulenta que yo, y un día reparé en lo mucho que la quería y en que mi amor por ella no se veía influenciado por su peso. Entonces me entró la duda de si eso le podría pasar también a la gente conmigo. Quizá también podían ver mi valor como persona.

Por suerte, ese tiempo ya pasó, pero no fui capaz de ver y aceptar que mucha gente me quiere independientemente de mi índice de masa corporal hasta bien entrada en la edad adulta. A veces pienso que he desperdiciado muchos años odiándome; otras veces agradezco haberme dado cuenta y haberle puesto remedio en esta vida.

El momento en el que me apunté al gimnasio fue en el que menos en cuenta tenía mi aspecto. Lo hice para tener una meta: sentirme mejor, al menos, físicamente. Pero, sobre todo, pasar periodos de tiempo sin pensar. Echar un par de horas contando mentalmente números de series y repeticiones, enfocándome solo en discernir los kilos que podía levantar, era un soplo de aire fresco para mi cabeza. Así podía sobrellevar mejor el resto del tiempo metida en un bucle mental.

Contraté a un entrenador que me pautó una dieta y una rutina de entrenamiento. Tuve un periodo en el que cumplía con todo asiduamente. Me sentía útil, tenía una tarea que hacer y era fácil, porque era un trabajo físico, y, aunque me costara más o menos, estuviera cansada o sin motivación, sabía que podía hacerlo, y eso me daba mucha satisfacción. Tenía el control sobre lo pautado, y eso a mi mente le encantaba. Era el juguete que entretenía al niño para que no molestara.

Después de unos meses, los cambios físicos fueron evidentes. Perdí unos veinte kilos, pero lo mejor fue la recomposición corporal que logré y lo bien que me sentía físicamente.

Había conseguido de nuevo algo bastante celebrable, simplemente al centrarme en una tarea e ignorar el exterior por ser doloroso. No era la primera vez que me pasaba.

Cuando mis padres se divorciaron, saqué matrícula de honor en bachillerato.

Cuando murió mi abuelo, me saqué el carnet de conducir en un mes, después de que se me hubiera resistido durante casi dos años.

Cuando murió Miguel, me puse tan en forma que descubrí músculos en mi cuerpo que no sabía ni que tenía. De paso, aprobé el C1 de inglés en menos de un año. Esa desgracia se merecía un dos por uno.

Espero no tener un hijo nunca, porque, si le pasa algo, ganaré el Premio Nobel, y no me gustan las ceremonias sociales.

Todo el mundo me felicitaba por mi nueva condición física. Adelgazar es sinónimo de éxito. A nadie le importa si fumas cuatro paquetes de cigarrillos al día: tu salud solo es un problema de relevancia para discutir en el ágora del pueblo si pesas más de lo que socialmente se te permite. Si consumes cocaína cada fin de semana, puedes ser hasta moderno, pero ojo con ganar una talla, porque empiezas a preocupar a todo el vecindario, literalmente.

Recuerdo una vez en que salía de casa y me crucé con una vecina en el portal. Me dijo que estaba mucho más guapa ahora que había adelgazado. Le agradecí su comentario para poder escapar rápido de esa situación. Pensé que se acabaría ahí la conversación, pero quiso hacerme otro cumplido más:

—Ahora ya tendrás novio, ¿no?

—No, todavía no —le dije—. Igual no se ha enterado de que he adelgazado.

No sabía que, entre las múltiples ventajas de adelgazar, se incluía la de poder acceder a una pareja. «Ahora sí te querrán», me vino a decir. ¡El sueño de mi vida cumplido! Qué difícil salir del bucle de un trastorno de conducta alimentaria, un TCA, si te dicen que, de esa forma, estás llegando a la meta que siempre has perseguido.

Aun entonces, teniendo un cuerpo que entraba en los cánones, seguía sintiéndome exactamente igual con respecto a él: lo seguía viendo horrible. Era incapaz de mirarme al espejo, y no solo porque el reflejo me recordara a Miguel. Era porque me desagradaba tanto que esa sensación era más fuerte que yo. Seguía pensando que no me merecía estar viva.

Me resultaba imposible valorar los progresos. Verlos los veía, porque eran obvios, solo que no me parecían suficientes. Continué recortando más y más alimentos, era cada vez más estricta, dejándolos para la comida *libre* que tenía una vez a la semana. Ahí me podía permitir cualquier capricho, pero solo esa vez. Tenía la sensación de que tanta restricción me haría daño mentalmente y provocaría el efecto rebote, pero, como me mantenía tan ocupada mentalmente, quería seguir. De vez en cuando tenía ansiedad, pero lograba superarla sin salirme de la dieta.

Entre tanto, me dedicaba a mirar de forma compulsiva fotos de comidas prohibidas, como *pizzas,* hamburguesas y todo tipo de dulces, a pesarme a diario varias veces y a resistir introducir nada en la boca que no estuviera pautado en el papel de la dieta.

Cualquiera podría haber predicho cómo acabaría esta situación para alguien con un TCA desde hacía muchos años y que, además, estaba intentando sobrevivir a un duelo tan grande. Me parece que aguanté demasiado, pero llegó un momento en el que incluso mi aspecto, progresar o estar delgada me dejó de importar. Di rienda suelta a la ansiedad.

Dejé la dieta por completo y, de golpe, recuperé parte del peso perdido, porque comía todo lo que no me había permitido antes, sin medida. Quería llenar el vacío que tenía dentro. La angustia por la ausencia del sentido de la vida volvió a ganar y la motivación por entrenar, tal y como vino, se esfumó.

Durante meses no pisé el gimnasio, hasta que, poco a poco, volví. Decidí compaginarlo con comer de forma saludable, pero sin ningún tipo de dieta. Tengo más que comprobado que si someto a mi cerebro a un estado de restricción de alimentos, los que sean, la ansiedad se multiplica. Puede sonar a broma, pero por eso también fracasé en ser vegana. Me entraba mucha angustia solo de pensar que tenía vetado comer nada de procedencia animal porque era poco menos que un pecado. Y, a la vez, con solo pensar en comerlos, ya me sentía culpable. Es la atracción por lo prohibido; creo que el destino de todo lo que se emprende por culpa es el fracaso. Sin embargo, si pienso que puedo comer una porción razonable de lo que yo quiera cuando me apetezca, paso días enteros sin recordar que existen el chocolate, la *pizza* o el beicon. Ya no me doy atracones, no me siento mal si un día como un poco más, no compenso. Como solo cuando tengo hambre, mi cuerpo me pide muchos menos alimentos procesados, y apenas miro las calorías de lo que voy a meterme en la boca. Tengo la relación más sana que haya experimentado nunca con la comida. Solo me falta no sentirme culpable por lo rico que está el beicon.

Únicamente me importa sentirme bien, física y mentalmente. La paz mental que me otorga eso no me la va a quitar ninguna crítica a mi físico. Veo claramente que lo que los demás opinen de mi cuerpo es como ellos: extraño, y, por lo tanto, sin relevancia para mí. Total, nadie va a odiarme más de lo que lo he hecho yo misma. Además, con el tiempo me he dado cuenta de que las críticas hacia los demás son un reflejo de lo que piensas de ti misma y no quieres ver.

Dejando a un lado todo el tema estético, el deporte ha sido algo que me ha acompañado desde entonces y que espero que me acompañe siempre. He tenido periodos de intermitencia con él, como cualquier relación larga que se precie, pero es, creo, la más estable que voy a tener.

Me genera tanto bien que no hacerlo sería ir contra mí misma. Mejora mi condición física, por supuesto, pero, sobre todo, la mental. Creo sinceramente que me hace más bien al coco que a los músculos, y eso que él no se tiene ni que mover. El resto de mi cuerpo es el que se esfuerza y él se aprovecha de todo ese trabajo. Se nota que es el jefe.

Hacer ejercicio me ha ayudado también a ganar amor propio. Cuando vi que ni con un cuerpo completamente distinto al que siempre había tenido podría quererme, supe que la raíz del problema no estaba fuera de mi mente.

Lo que también me ayudó a apreciarme fue un sueño que tuve con Miguel y que recuerdo perfectamente. Me impactó porque no era una pesadilla, por fin, sino todo lo contrario. Pero, sobre todo, por lo que me hizo sentir y el mensaje tan claro que me dio.

Yo iba andando por la calle, cerca de casa, y me encontraba a Miguel. Era pequeño, tendría unos cuatro o cinco años. Cargaba con una bebé envuelta en una manta blanca. Cuando me vio, vino hacia mí. La alegría de verle acercarse fue tal que recuerdo completamente esa sensación, la que más echaba de menos en el mundo.

Él me sonreía mientras sujetaba a la bebé y, en un momento, me dijo:

—Mírala.

Al fijarme en ella, me pareció lo más perfecto, puro y real que había visto. Miguel me sonreía mientras yo la miraba. No me dijo nada más, pero supe que ese bebé era yo. Estaba dormida, así que sí, definitivamente, era yo.

Cuando la hube visto de cerca, Miguel me preguntó:

—¿Crees que alguien podría no ver su belleza? ¿Crees que alguien podría no sentir amor por ella?

Evidentemente, eran preguntas retóricas. Solo quería hacerme ver lo equivocada que estaba con mi autoconcepto. Con mirar a la bebé, esas preguntas se contestaban solas.

No es por presumir, pero era la criatura más preciosa del mundo. Impoluta. Perfecta. Estaba viendo la mejor versión de mí. La mejor versión de mí se cagaba encima, siempre lo sospeché.

La energía que emitía me embriagaba y lo llenaba todo de paz. No existía nada que pudiera alterar lo que era. Simplemente era. No importaba nada más.

Mirarla suponía verme a mí misma con unos ojos con los que no recordaba haberme visto nunca, sin juzgarme. Y, sin un solo juicio, podía verme en la verdad, apreciar solo mi esencia. Veía lo hermosa y valiosa que era. Sentí que ese bebé era necesario en el mundo y que no estaba en él por casualidad.

Lo siguiente que recuerdo fue despertarme con la voz de Miguel aún retumbándome en la cabeza: «¿Crees que alguien podría no sentir amor por ella?».

Me quedó claro que no había existido, existía ni existirá nadie en el mundo que pudiera mirar a esa bebé sin amor, y esa bebé era yo. Si quitaba todos los juicios que había ido adquiriendo a lo largo de mi vida, lo único que quedaba era el amor, lo único real. Ese sueño fue más realista que la mayor parte de los días de mi vida. Confío más en él que en mucho de lo que he visto despierta.

Cada vez que me he vuelto a odiar he intentado recordar que soy esa bebé, y me ha sido de mucha ayuda. Al menos me hace poner en duda mis juicios. Pensaba: «¿Y si las razones por las que me desprecio no están justificadas? ¿Y si estoy equivocada en lo que pienso sobre mí? ¿Y si de verdad me merezco amor? Si realmente soy esa bebé, no me merezco nada que no sea el amor más puro e incondicional del mundo, y eso tendría mucho más sentido que estar aquí únicamente para menospreciarme y sufrir. De hecho, debería felicitarme, porque, aunque me odio como no odio nada más en el mundo, sigo aquí, conviviendo conmigo misma después de tantos años de maltratarme».

Este nuevo camino de intentar apreciarme me llevó de vuelta de una forma muy curiosa a Miguel. Al final, todos los caminos llevan a Roma, si con Roma nos referimos a morir.

* * *

Cuando empecé con el gimnasio, quise seguir a *influencers* que se salieran de los cánones estéticos estrictos, como las que tenían una talla cuarenta, para ayudar a transformar mi disforia y el odio que me tenía. Me han ayudado muchas. Paradójicamente, la mayor ayuda ha sido ver que existían y que compartían fotos de su cuerpo sin esconderlo y sin tener vergüenza. De todas, con la que más conecté fue con Katie H. Willcox. Me parecía tan genuina que me compré su libro, *Healthy Is the New Skinny*,[1] donde cuenta su historia y cómo ha logrado ser modelo sin cumplir con los cánones tan estrictos que ha habido durante años. Resultó ser igual de motivador que ella.

Por si eso no había sido suficiente servicio, Katie también me ayudó a ampliar mi conocimiento sobre mi nuevo tema favorito: la muerte.

Un día vi una publicación en su perfil en la que hablaba de un libro que me llamó la atención: *My Life after Death*, la historia de Erik Medhus,[2] un chico que tenía bipolaridad, condición que le llevó a suicidarse. Su madre, Elisa, describe, según ella canalizando lo que Erik le cuenta, cómo experimentó su muerte y lo que vivió justo después.

Por aquel entonces, había leído varios libros sobre la incógnita de qué hay después de la muerte, ya que se había convertido en mi monotema. No lo podía hablar con mucha gente, así que

1. Katie H. Willcox, *Healthy Is the New Skinny: Your Guide to Self-Love in a Picture Perfect World*, Hay House, Estados Unidos, 2017.
2. Erik Medhus y Elisa Medhus, *My Life after Death: A Memoir from Heaven*, Atria Books, Estados Unidos, 2015.

era uno de los bucles en los que estaba metida yo sola todo el día. Mi monólogo interior se alternaba entre la voz crítica, las preguntas y las reflexiones que me hacía sobre el alma, la vida después de la muerte y la posibilidad de subir peso en las sentadillas de la siguiente semana.

Leí varios libros, pero el que más se me quedó grabado fue el de Elisabeth Kübler-Ross, *La muerte: un amanecer*.[3]

Elisabeth fue una psiquiatra que estuvo con miles de pacientes terminales, investigando y documentando las experiencias cercanas a la muerte y de muerte en sí que tuvieron. El nivel de coincidencia en todas ellas era impresionante, pero lo mejor era su forma aséptica de contarlo. Simplemente te ofrecía la información que tenía, nada más.

Ese libro me trajo algo de consuelo. Jamás olvidaré una de sus frases: «Siempre nos quejamos de que no sabemos qué hay después de la muerte, pero cuando alguien viene a contárnoslo, lo tachamos de loco». Me parece que en esas palabras está el resumen del ser humano.

Antes de comprar el libro de Erik, investigué sobre él. Su madre, Elisa Medhus, era una doctora atea que no creía en nada

3. Elisabeth Kübler-Ross, *La muerte: un amanecer*, Luciérnaga, Barcelona, 2014.

que no se pudiera demostrar por los métodos científicos... hasta que su hijo murió y no tuvo más remedio que cambiar sus creencias.

Lo que más me impresionó fue que en el caso de Erik se contaba lo que supuestamente experimentó de forma casi idéntica, paso por paso, a lo que Elisabeth relataba de sus pacientes. Aun así, no me lo creí al leerlo. Al principio pensé que podía haber una organización mundial que se había puesto de acuerdo para convencernos de esta visión de la muerte por algún interés especial. Qué le voy a hacer, yo también soy humana.

Sé que es un tema bastante delicado y que cada uno debería investigar y llegar a sus propias conclusiones. Al fin y al cabo, tengas la creencia que tengas sobre lo que pasa después de la muerte, a no ser que la hayas experimentado, no deja de ser eso, una creencia. Me parece que, en este caso, sí que deberíamos ser tolerantes con todas, que cada uno elija la que más bien le haga mientras no quiera imponérsela a nadie. Total, todos saldremos de dudas antes o después.

Pensar que Miguel no ha dejado de existir y que su energía sigue viva me ayuda a seguir viva a mí. Nada de lo que me pueda decir nadie va a cambiar esa certeza, porque me hace bien; para mí, tiene sentido. Las pruebas que he tenido de ella hasta ahora solo la han reforzado.

Han sido y siguen siendo muchas, como cuando se apaga y se enciende una luz en casa, las veces que se ha abierto una foto suya nada más encender el ordenador o la cantidad de cosas que se caen estando bien colocadas sin que nadie las toque. Todo eso sin tener en cuenta los sueños en los que sé que me he reunido con él.

De todas estas muestras, una de mis favoritas es cómo jugaba Gori sola en el salón, exactamente igual que lo hacía con Miguel. Corría de un lado para otro, refunfuñando. Cuando se cansaba, se paraba en seco para ladrar a la nada, con el mismo tono que le dedicaba a él, entre recriminatorio y juguetón. Puede que se hubiera vuelto loca, pero pensar que Miguel le seguía tocando las narices me parece mucho más divertido y creíble.

Siempre me han dado mucho miedo los espíritus, si pienso en la visión que solemos tener de ellos, porque creemos que son una fuerza que tiene poder sobre nosotros y que nos quiere hacer daño. Cuando murió Miguel me cuestioné esta perspectiva y no me cuadró mucho que alguien que se ha liberado del cuerpo y está en otro plano no tenga nada mejor que hacer que venir a injuriarnos. Imagina que no estás regido ni por el espacio ni por el tiempo, que eres omnipresente y libre: ¿de verdad vas a estar esperando a que alguien se quede solo en casa para asustarle? Es de primero de fantasma saber que no.

Con Miguel nunca tuve miedo; al revés. Desde la noche del 16 de junio, cuando sentí que me abrazaba en la cama, le he tenido presente siempre y ha sido algo natural.

Eso fue lo que me hizo investigar sobre el tema sin prejuicios, teniendo en cuenta que todo lo que pensaba hasta entonces podía —como en tantos otros aspectos— no ser verdad.

También investigué sobre los brotes psicóticos y otras condiciones mentales, como la de Erik. La cantidad de casos que acaban en suicidio es alarmante. Me di cuenta de que el conocimiento y el tratamiento de la salud mental, a nivel mundial, sí que da miedo. Pasa como con muchas otras adversidades que sufre tanta gente: si no te toca de cerca, no eres consciente de sus dimensiones y a veces ni siquiera de su existencia.

Hay mucha información, tanto sobre salud mental como sobre la muerte, tan solo hay que buscarla. Un libro —también tiene un documental— que me parece excelente para ponerse en la piel de personas con este tipo de trastornos, además del de Erik, es el de Carlos Mañas *Mi cabeza me hace trampas,*[4] en el que habla abiertamente de cómo vive una persona con trastorno bipolar.

La investigación apasionada que hacía sobre estos temas me encantaba y aprendí muchísimo, pero tenía que compaginarlo

4. Carlos Mañanas, *Mi cabeza me hace trampas,* Kailas, Madrid, 2022.

con el máster que había empezado. Me lo vendieron como un curso de animación, pero resultó ser una estafa, porque no me animó nada. Es broma, aprendí muchas cosas. Bastantes para lo regular que se me daba.

Al acabar, estuve en una productora de publicidad, en el departamento de posproducción, de prácticas. *Prácticas* quiere decir que no tenía un sueldo fijo, porque los becarios en 2017 no comíamos ni teníamos necesidades. Era un planazo seguir viviendo para seguir trabajando casi gratis. Me pagaron dos mil euros en seis meses. Es verdad que trabajaba entre doce y catorce horas diarias, pero, al menos, esta vez me daban una propina.

Con la misma perspectiva de tener un sueldo digno que antes de gastarme unos miles de euros en el máster, empecé a buscar opciones para ocupar el poco tiempo que me quedaba en algo que me gustara y que disfrutase. Total, lo iba a hacer gratis también.

Durante un tiempo me había rondado la idea de hacer vídeos con chistes que había ido apuntando desde hacía mucho y subirlos a las redes sociales, pero me daba tanta vergüenza y ansiedad exponerme que no terminaba de decidirme. Por un lado, la emoción por pensar en hacerlo era enorme, pero, por otro, el miedo al infarto seguía ahí.

Un día del verano de 2017, hablando con David, mi mejor amigo, sobre qué hacer para volver a conectar y tener ilusión por algo, le hablé de las ideas que tenía bajo llave. Me dijo que tenía que hacer esos vídeos, y le vi tan decidido que pensé que era obligatorio, no había más opciones.

Me animé a dar el primer paso: abrirme una cuenta de Instagram.

He visto a David crecer, metafóricamente, porque cuando le conocí creo que ya tenía la altura que tiene ahora, y ha sido muy bonito. Siempre tuvo claro que quería dedicarse a la comedia, y eso es bastante admirable para los que hemos estado tan perdidos. Me fascina su capacidad de trabajo, su ingenio, su grado de compromiso consigo mismo y la confianza que tiene siempre en sus ideas.

Después de hablar con él, estaba convencida de intentarlo. Si no gustaban mis vídeos, ¿qué importaba? No me estaba jugando nada. Como mucho, podía perder algo de vergüenza y eso me vendría hasta bien. Total, si la existencia me daba igual porque no tenía sentido, ¿qué relevancia iban a tener unos vídeos sin repercusión en internet? Unos más, me refiero.

Él estaba tan convencido que me dio muchos ánimos.

Definitivamente, los iba a hacer, sí. Pero nadie había dicho que tuviera que salir yo, así que pensé en formas de fusionar las dos cosas. Se me ocurrió la idea de animar un dibujo. Le pedí precisamente a David que me hiciera uno, porque dibuja muy bien, y grabé mi voz. Que el máster en el que me gasté casi tanto dinero como en alcohol me sirviera para algo que me gustara, por fin.

Hice mi primer vídeo. Lo llamé *Yo también quiero dar mi opinión de mierda*, en un arrebato de sinceridad. Tenía hasta una cabecera en la que intentaba tararear el título con algún tipo de ritmo. Quedó bastante chulo, o ese es el recuerdo que tengo, porque no lo he vuelto a ver. Hablaba de los veganos. Sé que me va a dar tanta vergüenza verlo ahora que prefiero quedarme con el bonito recuerdo que conservo.

Estaba muy contenta con el resultado, pero me llevó tanto trabajo que vi poco factible sacar un vídeo semanal, como era mi intención.

Había pasado tantas horas pulsando comandos en el programa de animación que ya me sonaba mejor salir yo. Aunque solo fuera por comparar el trabajo que me llevaría de esa forma.

Como iba a dar la cara, pensé en cómo podía hacerlo para que los vídeos fueran lo más diferentes posible a cualquier contenido de comedia que ya hubiera y, a la vez, que tuvieran mi esencia. Está todo inventado, pero diferenciarme me parecía una prioridad. La originalidad es el 4K del arte.

Me hice con todo lo que creí necesario. Es decir, fui a comprar una tela horrorosa para colgar en la pared que sirviera de fondo, y ya; que nadie pudiera decir que no había producción.

En ese momento, elegí la que me parecía más bonita, aun sabiendo que no me podía fiar de mi criterio estético porque nunca lo he tenido.

Cuando ya la había escogido, una única tela me pareció poco, así que me hice con una segunda, por si acaso, igual de fea. Supongo que es lo que le pasa a la mayoría de los padres con sus hijos. En realidad, cogí dos porque quería seguir haciendo vídeos de *Yo también quiero dar mi opinión de mierda,* pero también otros que englobé en *¿Sabías qué...?* Para estos últimos, me ponía una bata de médico y decía cosas sin sentido, inventadas o exageradas, como si fueran datos curiosos reales que poca gente conocía. Hice otra cabecera, porque tener una sí y otra no me agobiaba. Si había dos telas —una azul con un fruncido del que mi tatarabuela estaría orgullosa y otra rosa con unicornios que harían llorar al niño más repipi del mundo—, tenía que haber dos cabeceras, igual de feas también.

Como era joven y me creía revolucionaria, colé un fotograma de un vídeo porno en la de *¿Sabías qué...?* Fue divertido hasta que YouTube me borró varios vídeos. A mi vena antisistema le sirvió de gasolina para seguir incluyéndolo; incluso, a veces, dos fotogramas. Cada uno hace la revolución como mejor le parece, aunque la mayoría de las formas sean totalmente inútiles.

Más adelante, se me ocurrió la sección *Soluciones no soluciones,* en la que contaba remedios para problemas cotidianos. La idea era que fueran peores que el problema, eso me hacía mucha gracia.

No había utilizado la segunda tela para *¿Sabías qué...?* porque pensé que era poco seria y que no le pegaba, así que utilicé los unicornios con fondo rosa para arreglar conflictos.

Me divertía mucho haciendo los vídeos, y se me pasaba el tiempo volando. Sobre todo, me resultaba muy fácil llevarlos a cabo.

Pero esa alegría me duraba hasta que me tenía que ver y escuchar cuando los editaba. Ahí echaba más horas que animando. Era pura procrastinación, así que no contaba como trabajo.

Fueron bastante bien; por lo general, la respuesta de la gente era positiva. Por fin tenía un entretenimiento que me hacía ilusión. Como ponerme en forma, pero sin un TCA, lo que lo hacía todo mucho más fácil.

Se me ocurrían ideas nuevas bastante a menudo, así que no tenía que dedicar mucho tiempo a escribir. Por eso, y porque los vídeos duraban un minuto.

Cuando empecé, esa duración me pareció suficiente para testar el recibimiento. Después me siguió pareciendo perfecta para incluir chistes buenos y que no se hicieran pesados. Pasaron años hasta que empecé a hacer vídeos más largos, porque ese formato original me funcionaba muy bien y era parte de mi estilo.

Poco a poco se me ocurrían más cosas. Fui apuntando chistes cortos en conversaciones o ideas concretas que quería hacer con dibujos. Tengo la espina clavada de pintar como un niño de tres años. Me habría encantado que mis dibujos reflejaran mi edad, tener un don para eso, pero, lo que no tiene que ser, no es. Aun así, quería hacer estos últimos chistes en imágenes, dibujarlas yo, así que le di vueltas a cómo hacerlo. Me acordé de Querido Antonio y sus libros de dibujos rotoscopiados que son verdaderas obras de arte. La rotoscopia era perfecta para mí. Solo tenía que calcar las siluetas de fotografías, y *voilà!*, tendría mis chistes ilustrados. Empecé a hacer viñetas en blanco y negro, y más adelante, para darles un toque distinto, les puse el fondo de un color.

Después de unos meses de hacer vídeos y viñetas, David me propuso que probara a contar mis ideas subida a un escenario, en forma de monólogo. Me imaginaba haciéndolo y lo veía como algo muy lejano. No sabía si algún día iba a ser capaz, pero, desde luego, en aquel momento, lo veía imposible. La ansiedad social me impedía hablar cuando estaba con más de una persona, como para exponerme delante de decenas. Y, si hablaba, era una frase que rumiaba durante una hora hasta que me parecía coherente, y, aun así, pensaba que había dicho una estupidez cada vez que abría la boca. Sudaba mucho, me ponía roja y el corazón me latía a la velocidad de la luz. Todo esto mientras pensaba que nadie me escuchaba cuando hablaba porque no merecía la pena lo que yo tenía que decir, como para hacerlo delante de unos desconocidos que sí tenían intención de escucharme y a los que, encima, tenía que hacer reír. No, descartado desde el minuto cero. Ya me había acostumbrado a hacer mis vídeos, y aunque me exponía a la respuesta de la gente en internet, me parecía mucho menos violento que vivirlo en persona. Estaba en mi zona de confort en casa, sola, tranquila, hablándole a la cámara, que es mucho más fácil que hablar con alguien más, porque no piensas que alguien te va a estar juzgando a cada segundo.

Tuve muy claro que no iba a subir a un escenario hasta 2018. En septiembre, un año después de empezar con mi aventura de contar chistes en la red, comenzó una etapa marcada por meses de recibir centenares de insultos y amenazas diarias por un vídeo que tenía la intención de reírse de los tópicos andaluces de toda la vida. No me dejé ni uno: nombré todos para que la ironía se entendiera mejor. En mi cabeza, se lo estaba dando mascado a la gente, pero lo único que muchos quisieron ver mascado fue a mí.

Supongo que mi estilo al hablar, el permanecer seria, no reírme y hacer comedia siendo todo lo contrario a un *clown* despistó a la gente que no me conocía, es decir, a casi todo el mundo, y les hizo entender justamente lo contrario.

Siempre me han dicho que lo hice a propósito porque sabía lo que iba a pasar. Estaba tan convencida de que ese vídeo se entendería que hasta lo subí estando de vacaciones en Andalucía. Si hubiera sospechado lo más mínimo, lo habría subido, como poco, desde el Polo Norte.

Había pensado en hacerlo sobre Cataluña, pero creí que se molestarían. Por eso decidí hacerlo sobre Andalucía, la tierra a la que le tengo tanto cariño y de la que me siento parte, porque la mitad de mi familia es de allí. De hecho, tuve en cuenta la idea de que tendrían el suficiente sentido del humor precisamente por conocerlos. No es que cada andaluz reciba un certificado de saber reírse de todo, pero muchos sí lo hacen. Cometí el error de pensar que la gran mayoría sería como mi madre, que es andaluza, y que a los que no les hiciera gracia al menos les daría exactamente igual.

La respuesta inmediata aún me sorprende. En cuestión de minutos se viralizó, y, a las pocas horas, tenía cientos de miles de comentarios. No recuerdo cuánto tiempo duró en Instagram y en Twitter antes de que las plataformas lo borraran por las denuncias masivas, pero llegó a tener millones de visualizaciones. El único sitio donde ha sobrevivido es en YouTube. Suerte que tengo las notificaciones desactivadas, porque cinco años después siguen llegando insultos. Podría hacer un chiste sobre que van tarde, pero no lo haré.

Fueron meses de recibir violencia diaria. Aún guardo una carpeta con los insultos más graciosos y otra con las amenazas de muerte. La segunda ocupa más espacio.

Me asusté bastante. Mi única experiencia de cara al público eran unos pocos meses subiendo mis vídeos tranquila. Tenía unos dos mil seguidores en Instagram por aquel entonces. No conocía a nadie que hubiera protagonizado un escándalo en las redes para que me contara que parece mucho más grande de lo que se refleja luego fuera, en la vida real.

Cuando subí el vídeo, el susto fue tal que tuve miedo de que me hicieran algo y di por terminadas mis vacaciones antes de tiempo. Salí pitando de Granada conduciendo sin parar hasta pasar Despeñaperros. Solo entonces me relajé.

De vuelta a casa, estuve días evitando salir a la calle. No se quedó nadie de mi entorno sin ser salpicado por alguna amenaza violenta, así que pensaba que la posibilidad de que nos hicieran algo era alta. Después me di cuenta de que, por muy violenta que sea la gente en internet, en persona es más recatada. Por suerte. Pero para eso tuve que ser paciente y comprobar que seguía viva al cabo del tiempo. Solo una vez un andaluz se puso violento en persona hasta el punto de que pensé que me iba a agredir. Por suerte, no pasó nada, porque era la hora de la siesta.

En aquel momento fue un estallido y, después, un goteo continuo de opiniones sobre mi físico y mi talento (inexistente para ellos) tan fuerte que me lo terminé creyendo. Asumí que no tenía gracia y que encima era fea. Esto último ya lo pensaba desde siempre, pero que el exterior me lo confirmara tampoco era agradable.

No le deseo a nadie lo que pasé.

Lo peor de todo era que esa situación atentaba contra el único entretenimiento que me ilusionaba. Ese tsunami parecía demasiado para mí en aquel momento. Habían pasado dos años desde la muerte de Miguel y, aunque mi condición no era la misma y veía mucha mejoría, no contaba con mis plenas capacidades para soportar aquello. Llegué a pensar que no merecía la pena. Me quise rendir para seguir con lo de no rendirme del todo. Esa idea me rondó la cabeza, pero me duró lo que tardé en verbalizarla. Cuando se lo dije a David, al poco de que empezara todo, me escuché a mí misma, y en ese momento, mientras acababa la frase, mentalmente me respondí: «No, no, no. No vas a dejar nada. Olvídate de esa idea y busca la forma de llevarlo lo mejor posible hasta que pase, porque, aunque parezca que no, pasará». Entonces desactivé todas las notificaciones de mi móvil y dejé de meterme en redes sociales. ¿Que por qué no lo hice antes? No sé, tardé meses en cambiar la disposición de los muebles de mi cuarto.

En el momento en el que me contesté a mí misma que no lo pensaba dejar me saltó una notificación en el móvil: Rober Bodegas me seguía. Lo tomé como una señal. Por fin un poco de luz entre tanto insulto. Que me siguiera alguien a quien admiro, para mí suprimía, por lo menos, mil insultos. Me puse a llorar con esa notificación por la tensión que llevaba acumulando durante muchos días. Esa era la primera vez que lloraba por todo lo que estaba pasando. La segunda y última fue cuando otra persona conocida que admiraba se burló no solo del vídeo, sino de mí, haciendo que sus seguidores se sumaran a los miles de insultos que ya me estaban llegando. Con el tiempo lo he agradecido, porque me ayudó a saber que los ídolos no se salvan de ser gilipollas.

Decidí quedarme solo con la información de que Rober Bodegas me seguía y lo tomé como una señal de que tenía sentido continuar por donde iba.

Entonces me di cuenta de que la comedia me gustaba demasiado y que, por seguir, era capaz de soportar lo que durase la lluvia torrencial de vísceras. El humor había sido el único camino que había encontrado siempre para enfrentarme a la vida. Intentar vivir de ello, aunque fuera a largo plazo, me parecía más que lógico.

Es verdad que estaba empezando y que tenía poco que perder, pero, si ya había perdido lo más importante en la vida y seguía, ¿por qué no iba a continuar con aquello que me emocionaba?

«He perdido a mi hermano, he vivido en el infierno, he estado a punto de suicidarme y no lo he hecho, así que ¿qué importancia tiene que me digan que no tengo gracia, si escribir y contar chistes es la mayor ilusión que he tenido en años?», pensaba. La comedia le daba algo de sentido a estar en el mundo. Ya no podría hacer reír nunca más a Miguel, pero existía la opción de intentarlo con el resto de la humanidad. Nunca iba a ser lo mismo, pero podría ser divertido.

Según pasaban los días, llevaba mejor el tema de los insultos y las amenazas de muerte. Acordarme de los dos últimos años me ayudó mucho. Recordarme que quienes me estaban insultando y amenazando eran desconocidos que no me importaban nada, también.

Un día llegué a una conclusión. Me dije a mí misma: «¿Sabes quién no te va a poder dar nunca su opinión sobre lo que haces? Exacto. Así que qué más da lo que opinen los vivos». Creo que damos demasiada importancia a comentarios y opiniones de gente que no nos importa lo más mínimo y que, la mayoría de las veces, solo escupe la proyección de sus frustraciones y complejos. Es una paradoja muy grande. O son varias paradojas en forma de matrioska, no lo sé.

Mirándolo con perspectiva, y desde un ángulo positivo, aquella exposición brutal fue una oportunidad tremenda para liberar mucha vergüenza que tenía acumulada dentro de mí desde hacía muchos años.

Siguiendo con la mirada positiva, me suelo recordar muy a menudo todo lo bueno que vino con aquello. Mi visibilidad se multiplicó, llegué a mucha gente en poco tiempo. No a la mayoría, pero sí que les gusté a muchos.

Sin duda, lo mejor de todo fue descubrir a Raquel, una de las personas más maravillosas que tengo en mi vida. Puso un tuit que me llamó la atención, porque era de los pocos que decían que todo estaba siendo irracional y desproporcionado. Se lo agradecí y desde entonces somos amigas y nos seguimos cuidando. Iría andaluz por andaluz enfadado a darles las gracias por habernos juntado. Solo por eso, volvería a subir el vídeo mil veces.

Unos meses después me di cuenta de que todo lo que había pasado era justo lo que necesitaba para atreverme a contar chistes en público. La idea de subirme a un escenario estaba enterrada, pero pasó como con Franco. Ahora la había desenterrado y me acompañaba a todas partes. Si la respuesta por ese vídeo había sido tan brutal e inesperada, y aun así la había sobrellevado y quería continuar con la comedia, hacer un monólogo de unos minutos no podía ser peor.

Estaba convencida de hacerlo, pero pasé meses sin fijar una fecha. Vi cómo transcurría el tiempo y supe que, hasta que no la pusiera, podría seguir dilatándolo eternamente. Quería hacerlo, pero los nervios y la incertidumbre me seguían poseyendo. Tras varios meses, decidí que era suficiente la broma: era hora de cumplir conmigo misma.

* * *

En febrero de 2019 me subí por primera vez a un escenario en un micro abierto, un espacio para probar texto que hacía Urko Vázquez en un bar de la calle Barco, en el centro de Madrid.

Siempre había escuchado que hay que hacer comedia sobre lo que una sepa, y que cuanto más realista sea y más dolor conlleve, mejor funciona. En ese momento, me lo creí, y fue la única vez que he seguido cualquier regla. Lo hice al pie de la letra. Solo tuve que juntar los chistes que se me habían ocurrido desde junio de 2016 y descartar los más flojos.

Fue muy fácil tener cinco minutos para probar. Habría sido fácil incluso tener dos horas. Lo difícil fue aguantar los nervios durante días mientras se acercaba el momento de actuar. Aunque quisiera hacerlo y estuviera dispuesta a enfrentarlo, suponía un choque muy grande para una persona que había pasado toda la vida sin hablar en público.

Recuerdo que ese día vinieron a verme Cris, David, Vicky y Nacho. Me hizo mucha ilusión. Tengo grabada a fuego aquella tarde. Recuerdo hasta el jersey suave y los pantalones negros que llevaba, pero, sobre todo, lo mal que lo hice, evidentemente.

Llevaba los chistes apuntados en un papel para que no se me olvidaran, y aun así, me quedé en blanco en cuanto subí. Recité las frases como hacía en los vídeos, una a una, con una pausa entre ellas que no tenía ningún sentido en directo. Pero era la única forma en que sabía hacerlo, y tampoco era capaz de decir más palabras seguidas. A pesar de hacerlo fatal, el público (también los que no eran mis amigos) se reía. Se estaban riendo de los chistes que estaba contando sobre lo peor que me había pasado. Era mágico. La vida me había hecho mucho daño, pero podía vengarme de ese modo. Después de tanto dolor, había risa. No era que uno se hubiera ido para dar paso a la otra, sino que podían convivir.

Cuando terminé, me di cuenta de lo pegada que estaba a la pared del escenario, por lo lejos que estaban las escaleras para bajar. Durante esos minutos, no hubo en mí un solo gesto que no gritara «auxilio». Pero había valido la pena.

Después de aquella catarsis de dolor, vergüenza, nervios y necesidad de aprobación, me relajé. Tanto que estuve varios días con fiebre. Mi cuerpo me dijo: «He sobrevivido a esto por ti, pero, ahora, te jodes».

Desde entonces, aquel bloquecito de lo que había pasado fue creciendo, y hoy en día es el que me produce más orgullo de todos los que he hecho. Es mi pequeño homenaje a Miguel.

Cuando lo hago, le veo sentado en una silla riéndose a carcajada limpia, mientras el resto de la gente mira hacia abajo, se asombra, resopla, se ríe disimulada o sonoramente, y otra no sabe dónde meterse. Él me mira y se ríe. A veces niega con la cabeza, pero se sigue riendo. Después de todo, que queden unos chistes de lo que pasó me parece un auténtico milagro.

Sé que este tema pone tensa a la gente, más aún en la comedia. Soy consciente de que no todo el mundo está preparado para escucharlo, y ese es uno de los motivos por los que me encanta hacerlo. Evidentemente, hablo de lo que me pasó a mí, no de nadie más. Romper esa barrera que nos hemos autoimpuesto para poder reírnos del dolor y del tabú me apasiona, pero dejando espacio siempre para quien no quiere acompañarme.

Entiendo que haya gente que no esté preparada para escucharme, y es respetable. Lo que entiendo menos es que nada más terminar el *show* me digan: «Esa parte es muy fuerte» o «Uf, lo he pasado mal cuando has hablado de eso». A veces me tengo que aguantar la risa. Otras no me aguanto y les digo que, si ellos lo han pasado mal, no se imaginan cómo lo pasé yo. Esos chistes no son ni de lejos el reflejo de lo que viví. Son solo chistes. Exageraciones y distorsiones absurdas, nada más.

Durante mucho tiempo tuve culpa por hacerlos. Parece que hacer un chiste sobre alguien que se ha muerto es faltarle al respeto. Ahora entiendo que es la forma más bonita de recordarle, porque la risa era nuestro lenguaje preferido, con el que tanto nos hemos comunicado. Para mí también es una forma de liberarme y de canalizar.

Era hacerlos o irme con él, y ya que hice el esfuerzo de quedarme, me permito un pequeño lujo.

Como aquella primera vez que me subí a un escenario me gustó tanto, no he parado desde entonces. Hasta ahora, es la parte que más disfruto de hacer comedia. La reacción en vivo de la gente no tiene precio. Pueden pasar tantas cosas, hay tantas variables en una actuación, que jamás va a haber dos iguales. Lo impredecible, la parte desconocida, es emocionante. Te da un chute de adrenalina único.

Con el paso del tiempo gané experiencia y ahora, por suerte, lo vivo de otra manera, porque tener fiebre con cada actuación no sale a cuenta; más sabiendo lo que nos supone a los autónomos coger una baja.

Intentar hacer reír es emocionante siempre, da igual el tiempo que lleves. Cada vez es un reto en el que tienes que estar alerta y, al mismo tiempo, la clave es hacerlo como si no te importara nada.

Estamos de acuerdo en que los cómicos no salvan vidas, pero pueden mejorarlas. Con la mía lo han hecho muchas veces. Esa es mi parte preferida: saber que puedo ayudar a alguien.

Me ha pasado bastantes veces estos años, pero la que recuerdo con más cariño fue cuando hablé de Miguel en julio de 2020 en *El sentido de la birra*. En ningún momento pensé antes de la entrevista en hablar del tema; era consciente de que es algo muy delicado que no había expuesto públicamente nunca, más que en los monólogos, pero en ellos no dejaba de ser una ficción, por mucho que le pese a alguna gente.

Estuve tan cómoda en la entrevista que salió todo: lo nombré y profundicé en ello. Era como si estuviera hablando con un colega con el que no tienes que medir lo que dices. En ese momento, no fui consciente de que estaban grabando ni de cuánta gente podía verlo. Sucedió, como todo lo que tiene que ser, de manera natural, sin forzar nada.

Mucha gente me dio las gracias solo por hablar del tema, y otra por hacer chistes sobre ello, porque ya no se sentían tan malas personas haciendo bromas de sus desgracias. Es increíble que la culpa con la que convivimos nos lleve a pensar que reírse de un drama significa ser mala persona o que no te importa nada. Es todo lo contrario. Me han llegado a soltar que me llevaría muy mal con Miguel para bromear sobre el tema. Prácticamente vienen a decirme que me burlo de lo que le pasó. Interpretar la comedia como una burla personal es tan reduccionista y básico que me hace gracia.

No, me río porque no me queda otra. Y, pensándolo bien, es cierto que me burlo de lo que me pasó a mí. Me he quedado aquí haciendo chistes sola, y ha sido la única manera de no volverme loca.

Me parece absurdo que, si me nace bromear con todo esto, me calle; que nos siga dando vergüenza hablar de lo que nos pasa, de lo que todos sufrimos, en mayor o menor medida. Hay miles de personas que han pasado por lo que tú estás pasando. Todos, antes o después, nos vamos a encontrar con muchos tipos de duelo y con la muerte de un ser querido. Todos tenemos miedos, traumas de la infancia y de la adultez, y, aunque no sean exactamente los mismos, a todos nos duele algo. Es demencial fingir que no es así, intentar encubrirlo o no darle importancia. Hablarlo con naturalidad es rebajarle toneladas de peso. Vas a tener que lidiar con ello igualmente, pero, al menos, ya no te sientes tan sola. Hablar precisamente ayuda a no quedarse ahí para siempre; a sacarlo, hacerle frente e intentar hacer malabares con ello mientras sigues hacia delante. Llevar a la luz los demonios que te asustan en la oscuridad te hace verlos como son, como demonios, pero mucho más pequeños de lo que parecen en la sombra. Dan menos miedo. Algunos son muy rebeldes, pero, como decía un gran filósofo: «Dios no te manda nada que no puedas superar».

* * *

Un mes antes de actuar por primera vez, en 2019, recibí la sentencia del juicio por la demanda que habíamos puesto contra el Negocio y el jefe de Psiquiatría del hospital donde estuvo Miguel tres semanas ingresado.

Llegó el 9 de enero, el día de mi cumpleaños. Cuando pensé que no podía celebrar un cumpleaños más triste, la vida se volvió a arremangar para demostrarme que sí que podía, que siempre se puede.

La sentencia desestimaba nuestra petición porque nunca se podría averiguar si Miguel se tiró por la ventana por una negligencia médica. Se ajusta a las grandes incógnitas de la vida: de dónde venimos, adónde vamos y si alguien en pleno brote psicótico debería estar hospitalizado. Qué pena, nunca lo sabremos.

Fue una sorpresa muy desagradable que un juez dijera eso. Pero más sorprendente fue que lo pudiera decir porque tenía como 36.789 años. Pensé que si se dilataba mucho el proceso, le llegaría a él su sentencia antes.

En realidad, fue una sorpresa a medias, porque, el día del juicio, nada más ver al abogado experto en casos como este, me dijo que el día anterior no había ido al gimnasio para prepararse.

Creo que nunca nadie me ha inspirado tanta poca confianza con una sola frase. Después de tener todo el tiempo del mundo durante muchos meses, sacrificó un día el gimnasio...

Ni un solo testigo que había citado apareció. Únicamente contábamos con un informe pericial que habíamos pagado nosotras, así que, evidentemente, era a nuestro favor. La aseguradora y el hospital trajeron a cuatro o cinco peritos. Alguno incluso salía en la tele. Uno llegó a decir que Miguel pudo haber tropezado y haberse caído por la ventana. Entonces me reí y juré haber visto monólogos de comedia más serios. Esa excusa superaba a la del perro comiéndose los deberes. Su defensa se basaba en que mi hermano era torpe.

Pero eso no fue lo más ofensivo. Lo peor fue cuando el médico mintió y dijo que el día del alta él vio a Miguel y valoró que estaba perfectamente. En ese momento, pensé que sí iría a la cárcel, pero por falso testimonio en un juicio. No solo no fue a la cárcel, sino que el juez le creyó porque no teníamos a nadie que desmintiera aquello, pero es que el abogado experto en casos como este tampoco pidió que ninguna de nosotras declarásemos para desmentirle, y nosotras sí estuvimos allí.

A pesar del despliegue de medios del Negocio, nuestro abogado tenía bastantes posibilidades, pero no hizo nada. No sé si habrá ganado tantos casos como dice, porque más que abogado me dio la sensación de que era un comercial.

Fue un golpe bastante duro, porque todo el proceso fue largo y doloroso. Tuvimos que revivir todo una y otra vez durante meses.

El 9 de enero de 2019 llovía, para hacerlo todo más dramático. Entonces no me gustaba cumplir años, porque el tiempo seguía pasando sin Miguel. No voy a mentir, también era por la presión social de cargar con algo contra lo que no podemos luchar: el paso del tiempo y el consecuente envejecimiento del cuerpo. Cada año sientes que eres menos joven como algo terrible, cuando nos pasa a todos los humanos en este planeta, como si ese no fuera el trato. No podía parar de pensar en que cada vez era menos joven, no como Miguel.

Además, ese año cumplía uno más que él. Es rarísimo superar la edad a tu hermano mayor. Me preguntaba si ahora tenía que regañarle yo a él, aunque siempre lo había hecho siendo la pequeña. Quizá ahora lo tenía que hacer con la autoridad que me otorgaba tener un año más. O explicarle de qué va la vida, aunque él ya me estaba enseñando bastante sobre eso.

Tardé en recuperarme de ese golpe, porque me parecía muy injusto. Odio las reglas, pero odio más la injusticia. En el fondo pensaba que el médico y el Negocio recibirían algún castigo o, al menos, una llamada de atención.

* * *

Por suerte, como siempre en la vida, no todo fueron desgracias durante ese año. En febrero, después de probar la golosina que es actuar en un escenario, seguí bastante animada con la comedia. Aún no sabía si valía para eso, no me lo he creído hasta hace poco, pero tenía la misma ilusión o más.

La ilusión es preciosa, pero no da dinero, así que decidí buscar un plan B mientras progresaba en la comedia. María había aprobado una oposición en pocos meses y me pareció el camino perfecto para mí. Busqué entre todas las que había y elegí Gestión Procesal, porque para presentarse se necesitaba una carrera. El doble grado me servía para algo, por fin. Pagué los dos títulos solo para poder acceder a la oposición.

Estuve meses yendo a una academia y estudiando. Lo bien que se me daba era inversamente proporcional a lo que me gustaba. Las leyes no me importaban absolutamente nada, como buena revolucionaria que creía ser, y algunas me parecían tan injustas que no quería ni mirarlas. Pero estudiar siempre ha sido mi fuerte y estaba convencida de que, si me había puesto en forma y me había sacado el C1 de inglés, me podía sacar la oposición. De eso no tenía dudas. La que me empezó a surgir, y cada vez con más fuerza, era si de verdad quería trabajar ocho horas al día en un juzgado el resto de mi vida. La respuesta era un rotundo no, pero ya me había metido en eso. No podía admitir que me había equivocado eligiendo..., otra vez. Aguanté, llorando de frustración de vez en cuando. Cada vez me iba mejor en la comedia y por dentro una voz que no era la crítica me decía que tenía que dar un salto de fe. Me daba muchísimo miedo, pero sentía que era el camino. Lo único que me había hecho feliz en la vida, laboralmente hablando, no me daba apenas dinero aún, pero sabía que tenía que apostar por ello. No solo por eso, sino porque hacer comedia le daba por fin un sentido a estar viva. Lo sabía desde hacía mucho, pero no me atreví a darme la oportunidad hasta que no pude más. Estudiar las leyes de enjuiciamiento civil y penal me amargaba tanto que prefería volver a probar suerte en Mercadona.

Me planté.

Dejé la oposición y decidí dedicarme a la comedia por completo. Evidentemente, tenía la suerte de estar en casa de mi madre y de contar con ella como siempre he contado. También contaba con María y con mi tío. Siempre voy a ser consciente de lo privilegiada que he sido y de mis condiciones; justo por eso pensaba que debía aprovecharlas. También sé que si hubieran sido diferentes lo habría hecho de otra forma, pero lo habría hecho. Nunca he tenido miedo a trabajar, al revés, me encanta esforzarme y echar las horas que haga falta, algo que no es bueno *per se*. El único requisito es que me ilusione. Como a todos, supongo. Bueno, no a todos. Hay gente que no se quiere dedicar ni a masturbarse si eso implica esforzarse en desabrochar un botón.

El momento de decidir que lo dejaba todo para dedicarme a lo que me llenaba, que paradójicamente no me daba de comer, fue muy romántico. Lo que no fue tan bucólico fue el *timing*. Enero de 2020. Tengo que admitir que, hasta marzo, fueron dos meses preciosos.

Estaba tan contenta con mi decisión que hasta se la conté a Miguel. Había seguido escribiéndole, muy de vez en cuando.

28 de enero de 2020

Hola, Miguel:

No sé cuánto tiempo ha pasado desde la última vez que te escribí. Suelo tener reticencias a hacer pocas cosas, pero escribirte desde luego ha sido *top* en mi vida de negarme a algo. Lo siento. Mírame, pidiendo perdón a un muerto. Pero en plan bien, no te ofendas. Mírame, pidiéndole que no se ofenda a un muerto. Ya paro. No sé por qué hoy siento que te tengo que escribir. Es increíble, da igual el tiempo que pase, sigue doliendo igual que no estés. Me siento culpable por no escribirte más, creo que es una buena forma de terapia, pero me niego a hacerlo. Es que siempre que te escribo lloro.

A veces me imagino que estás de viaje espacial o algo así. Que estás en sitios superchulos. Me da hasta envidia.

Las cosas han cambiado bastante desde que no estás. A veces siento que yo no he cambiado nada, el dolor me sigue entumeciendo y me deja atontada.

He pensado en escribir un libro: *Cómo sobrevivir a un suici-*

dio. Luego he pensado que parecería que es sobre mi suicidio. *Cómo sobrevivir a un suicidio de un ser querido* me parece una sección de *Saber vivir,* no me gusta. *Cómo sobreviví a la muerte de Miguel.* Así, siendo yo la protagonista.

Ahora intento hacer reír, Miguel, ¿qué te parece? A veces pienso que tú lo harías mucho mejor. Bueno, que cualquiera lo haría mucho mejor, pero sobre todo tú, con lo payaso que eras. He buscado en otra gente la complicidad que tenía contigo y las risas que siempre compartíamos, y me he encontrado el vacío. Nunca voy a volver a tener eso. Tampoco voy a volver a tener quince años, pero ¿quién quiere tener quince años? Alguien que quiera gustarle a un hombre de cuarenta y tres, supongo. No sé. ¿Te estoy intentando contar chistes? Le estoy contando chistes a un muerto. Eres mi público más difícil.

No sé si lo hago bien, quiero hacerlo bien, eso te lo juro. A veces creo que no valgo para nada y ese pensamiento me paraliza. «Como todos». Ya, pues eso no me consuela. Algo tendremos que hacer si somos todos igual de gilipollas.

Era por contarte algo más *light* que de costumbre. Recuerdo que las cartas que te he escrito han sido muy tristes. O, al menos, yo me recuerdo así escribiéndolas. Te voy a contar una cosa alegre: cada vez que me acuerdo de ti, sonrío. Eso es bonito. Y me acuerdo de ti cada día, así que cada día sonrío. Eres el motivo de mi sonrisa. ¡Buah!, qué bonito me ha quedado eso. Vaya poeta estoy hecha. Si me va mal en la comedia, pruebo con la poesía.

En fin, Miguel, te quiero. Estés donde estés, espero que estés bien y no me hayas olvidado.

CARMEN

Pocos días antes del estado de alarma, en febrero, hice una de las cosas que más he disfrutado en un escenario. Un *roast battle,* uno de mis formatos favoritos, con mi querido Tolo, uno de los mejores cómicos de este país. Adri, el dueño del bar Picnic, nos lo propuso. La emoción era mayor aún por ser uno de los sitios más míticos de comedia en Madrid. Allí fui a ver a Ignatius con David cuando aún estábamos en la universidad. Aprendí un montón de cosas ese día, sobre todo a no ponerme en primera fila en sus actuaciones.

Quién me iba a decir que unos años después estaría yo encima de ese escenario. Jamás me lo habría creído.

Tolo y yo echamos tantas horas de trabajo preparando esa actuación que terminamos mareados. Por suerte, sobrevivimos y pasamos una noche mágica. Todas las batallas fueron divertidas, la gente se rio mucho y nosotros nos reímos más. Cada vez que veo la foto del cartel que hicimos para anunciar el *show* me entran la ternura y la melancolía.

Cuando llegó la pandemia, pensé que el universo me estaba mandando un mensaje de que me había equivocado de camino de nuevo, pero lo que aprendí fue que no tenía ni idea de cómo iba a ser el camino y que estaba bien no saberlo.

David había venido a casa porque vivía solo y no quería pasar dos semanas encerrado, como se supone que íbamos a estar.

Los tres meses que estuvimos en casa juntos nos vinieron muy bien a los dos. Estar obligados a parar nos hizo un favor. Incluso a mí, que lo acababa de dejar todo por el amor de mi vida. En realidad, no paramos, al menos no de trabajar. Además, aprovechamos para hacer vídeos juntos.

Escribí mucho más texto para probar, otros tantos guiones de vídeos..., y todo sin estrés ni presión. No había fechas de entrega, estaba en casa, que es de las cosas que más me gustan en el mundo, con mi madre, con Gori y con David. Fue muy buena época. Solo me faltó María, porque Miguel me faltaba siempre.

Después de la pandemia, volví a actuar y cada vez iba mejor. Fui probando en muchos micros abiertos el texto completo que había escrito, porque ya tenía en mente hacer mi *show* de una hora. Me veía llevándolo por toda España. Por fin iba a trabajar viajando. Y cobrando.

En aquella época estaba bastante animada, pero echaba de menos algo. Tolo había vuelto a Mallorca en la pandemia y David volvió a su casa en junio, así que ya no tenía un amigo con el que compartir el día a día de la vida y la comedia.

Un día probé a pedirle al universo muy seriamente que me mandara gente que fuera compatible conmigo en el humor y en la vida. Parece que el universo estaba deseando que se lo hiciera.

La tenía ya preparada.

En uno de los micros a los que fui a finales de 2020 coincidí con Bianca Kovacs. La ubicaba en la comedia, pero solo había visto el cartel de su *show*, *Bianca y en botella*. Me había hecho mucha gracia. Cuando la vi, pensé que sería una chica tímida.

Llegué al bar donde se hacía el micro y me senté en la última mesa sola, como siempre. Si el primer día de universidad pensé que podía pasar cinco años sin hablar con nadie, cómo no lo voy a pensar en un *show* que dura dos horas.

Fingía que estaba repasando, y lo estaba haciendo, pero, sobre todo, me estaba encargando de que nadie me molestara. Siempre me funciona poner cara seria, rozando la mala hostia, y pensar muy alto que no quiero que nadie se me acerque. Ese día, por suerte, Bianca no tuvo en consideración mi cara de no querer amigos. Supongo que porque la suya era igual.

Se acercó con la excusa de preguntarme si iba a salir a actuar con el papel. Hasta yo, que nunca me doy cuenta de las excusas, la calé. Me dio la sensación de que preguntaba en serio lo del papel, pero se veía que también quería charlar. Después me confesó que se había acercado a mí porque le llamaba la atención la gente *outsider*. Qué le voy a hacer si soy un bomboncito marginal. También me dijo que había visto el vídeo de los andaluces y que no estaba de acuerdo con todo lo que había pasado.

Le dije que siempre probaba con el papel porque me daba seguridad. Ella me dijo que tenía dudas de hacerlo. Al final salió con él. Disfruté muchísimo de su actuación y me reí todo lo que necesitaba. Ella también probaba texto nuevo y, cuando no entraba un chiste, se ponía nerviosa y preguntaba al público si era porque no lo había entendido. Me parecía estar viendo una aurora boreal sin haber visto ninguna nunca. Era algo único y magnético, pero, a la vez, muy natural. No había visto nada parecido ni en la comedia ni en la vida.

Cuando terminamos, estuvimos hablando un buen rato. Me pareció muy simpática, y me di cuenta de que era todo lo contrario a tímida. Nos dimos los teléfonos y a los pocos días me dijo que quedáramos.

Bianca me caía muy bien y me apetecía verla, pero al ser tan cuadriculada, explicarle a mi cerebro que nos íbamos a salir de la rutina pautada significaba que me agobiara durante mucho tiempo.

Menos mal que insistió alguna vez más por teléfono y terminamos viéndonos. Una mujer del este, aparentemente más fría que el hielo, rompió el mío, y eso que había mucho hielo, porque nos vimos después de Filomena.

Ella siempre me recuerda que le decía que no podía quedar por si me resbalaba en la calle. Me lo creo, aunque esperaba algo más de mí. Hubiera tenido más lógica poner la excusa de que tengo alergia al frío. Es la justificación perfecta por ser verdad y porque no tiene contrargumento posible.

Nos vimos para comer. Me contó tantas cosas interesantes de su vida y de la comedia que quise escucharla durante horas.

Desde entonces, no hizo falta que volviera a insistir para que nos viéramos. Había sido amistad a primera vista. Entendí que había entrado en mi vida como respuesta a mi petición de encontrar gente afín.

Bianca es una gran maestra y una de las mejores cómicas, pero es mejor amiga aún. Nos entendemos a la perfección porque hablamos el mismo idioma. Ella es rumana, pero habla muy bien castellano, a pesar de haberlo aprendido en Andalucía. Dice que en su país veía telenovelas en castellano y que aprendió con ellas, pero se le nota lo de Andalucía porque a veces no se la entiende.

Cuando nos juntamos, nos reímos hasta llorar, mientras nadie alrededor sabe qué nos pasa. Siempre que se la presento a alguien me dice que está loca, pero que parece muy buena persona, y yo solo le puedo dar la razón.

No me canso de repetir que la meritocracia existe porque ella es el claro ejemplo. Al conocer su historia sabes que se merece todo lo que tiene y que no se lo debe a nadie. Ha hecho un duro camino de cero a cien. Aún le queda recorrido para llegar al millón y lo va a conseguir. Es uno de los grandes referentes que tengo. Me inspira en muchos aspectos como poca gente lo hace.

Somos muy parecidas en muchas cosas y muy distintas en otras, pero nos complementamos y encajamos de forma sublime. Ambas hacemos comedia porque, como dice ella, nos ha obligado la vida. Además, nos respetamos y admiramos mucho, por eso hacemos tan buen tándem en lo personal y en lo laboral. De hecho, fue la primera persona en la que pensé cuando tuve la oportunidad de elegir compañera de trabajo. Siempre tengo dudas sobre todo y le doy muchas vueltas a las cosas, más de las que debería, pero en eso nunca dudé. Mi intuición está lo suficientemente afinada para que, si le hago caso, me muestre una y otra vez que no me equivoco.

Pensaba que la comedia era un trabajo bastante solitario y me parecía perfecto; de hecho, me hace muy feliz no tener que ir a una oficina a trabajar, pero contar con la mejor amiga y compañera que exista para compartir un proyecto me hace más feliz aún.

En 2023 empezamos *Odio a la gente*, un pódcast que jamás pensé hacer y que tiene todo el sentido del mundo que sea con ella, porque es el fruto de un *dream team*. Trabajar de su mano es muy fácil porque queremos lo mismo: hacer lo que nos dé la gana con total libertad.

No sé cuánto durará, como no sé cuánto durará mi carrera en la comedia, ni nada en la vida, pero, dure cuanto dure, habrá merecido la pena.

Como todo lo que he recorrido desde el 16 de junio de 2016.

9—

9 DE ENERO DE 2024

Hola, Pinwi:

Hace tiempo que no te escribo. Te iba a preguntar cómo estás, pero supongo que, como hasta ahora, mejor que yo.

Ha cambiado todo mucho desde que te fuiste. Yo he cambiado tanto que parece que soy otra persona viviendo otra vida y, sin embargo, te sigo recordando y sintiendo cada día. Eso no va a cambiar nunca.

Tu partida fue el catalizador más espídico que podría haber tenido para transformar hasta lo más profundo de mí. Habría agradecido recorrer el camino más despacio y que siguieras aquí, pero la vida no es un bufé libre donde pedir lo que te apetezca. Más bien, es una tasca donde te quitan el plato sin preguntar si has terminado para ponerte el siguiente.

Llevo años sorprendiéndome de pensarte a diario. Aún me pasa.

Todos los días me acuerdo de ti. De mil maneras distintas. La mayoría de las veces, de forma muy intensa y difícil de llevar; otras, me hace sonreír, pero nunca me propongo hacerlo, simplemente apareces en mi mente o algo me recuerda a ti. Formas parte de mí de una manera tan profunda que recordarte es como respirar.

La mayoría de las veces puedo pensarte con paz. Otras solo me queda llorar y aceptar el dolor para que me atraviese y poder calmarme.

Durante mucho tiempo, pensaba que llorarte significaba que estaba retrocediendo y que no había sanado, así que lo evitaba. He cambiado de opinión, porque me he dado cuenta de que, como dice Ale, cumpliré noventa años y te seguiré llorando, porque eras mi persona y la ausencia de tu persona duele siempre.

Ahora lloro en Navidad, en mi cumpleaños, en el tuyo y cada vez que veo a dos hermanos felices. Sé que en todas esas ocasiones está bien hacerlo, como lo está decir abiertamente que estoy mal. Porque este dolor es como el latido de mi corazón: otro ritmo que me va a acompañar toda la vida. Disimular que no está solo lo empeoraría.

Escribiendo esto me he acordado de un sueño que tuve contigo, en el que te preguntaba qué podía hacer cuando el dolor pudiera conmigo y me decías sonriendo: «Baila». Eso hago.

Desde entonces, cada vez que lo hago, me acuerdo de ti y no solo porque nos encantaba bailar mal a propósito por hacer el payaso y reírnos, sino porque, aunque me duela bailar sola ahora, también me da alegría acordarme de todas las veces que lo hicimos. No hay nada que me conecte más contigo que la alegría.

Te prometo que intento bailar a menudo y cuidarme. Me cuido

todo lo que no me he cuidado en casi treinta años. Disfruto de lo bueno que tengo, que es mucho, y lo agradezco cada día. También me cago en lo malo y me doy espacio para estar en la mierda cuando no queda otra.

Dicen que el tiempo lo cura todo. No lo creo, el tiempo te da la oportunidad de hacer algo con las heridas, pero no van a desaparecer. A nadie le extraña que una cicatriz no se borre de la piel. La piel se cierra, pero la marca se va a quedar ahí siempre para recordarnos lo que pasó cada vez que la miremos. Con las heridas del alma sucede igual. Se llevan de otra manera, pero se siguen llevando.

Con el tiempo he aprendido a vivir con este dolor. Ya no me paraliza ni me arrastra. Cuando la vida me asfixia, pienso que sobreviví a la tarde en la que paré El Padrino para siempre y, automáticamente, la soga deja de apretar. Veo todo como lo que es: una tontería. Pero ya no me provoca angustia que todo sea una tontería, al revés. Es como estar en un juego. Cuando me doy cuenta de que estoy jugando, sonrío y puedo ver que acerté quedándome. A veces es hasta divertido. Acerté bastante, porque jamás pensé que podría estar donde estoy. O sea, sí, porque estoy en casa, pero me refiero a que no pensé que conseguiría todo lo que he conseguido. Que encontraría paz y que me dedicaría a lo que me hace feliz: hacer reír. Fíjate, lo que más nos gustaba hacer y lo que he intentado desde que tengo uso de razón. Hicieron falta muchas vueltas y muchos caminos equivocados para saberlo, pero lo he conseguido.

Ha sido bonito descubrir que estaba equivocada en tantas cosas... Como cuando pensaba que tenías que volver porque no sabía que en verdad nunca te habías ido.

Sé que todas las experiencias por las que pasamos son oportunidades para aprender, pero esta ha sido sin duda la que más me ha costado ver.

«¿Y qué has aprendido?», sé que te estarás preguntado. Pues que este juego es entretenido, pero no es todo lo que existe. Y que hay una verdad inmutable en este y en cualquier mundo: somos amor y el amor jamás cambia, así que no puede morir.

Iba a terminar con esa frase tan bonita, pero prefiero contarte un chiste. No es mío, es de la vida.

Hace unos días le regalé a mamá una planta y le dije que le pusiera nombre. Me dijo que se llamaría Miguelito. Busqué los cuidados que requería y me reí en silencio, una vez más, cuando vi que el sitio más adecuado para ponerla era el alféizar de la ventana.

Te quiero, y sé que tú también a mí.

Nos vemos en un rato y, mientras, vamos hablando,

Carmen

AGRADECIMIENTOS

Cuando me preguntaban de pequeña qué quería ser de mayor, siempre contestaba que escritora. Novelista, decía a veces, porque pensaba que era lo mismo, pero dicho más guay.

Aún conservo el primer cuento que escribí con siete u ocho años sobre Chali y Mali, dos tortugas que habían sido amigas toda la vida y al hacerse mayores, decidieron irse a vivir juntas. Ahora lo leo y entiendo que no eran amigas, eran *amigas*. Tengo que hacer una segunda edición.

A pesar de ser literalmente un sueño hecho realidad, este libro ha sido lo más difícil a lo que me he enfrentado desde que se fue Miguel. Ha supuesto volver al infierno durante un año. Vale que allí no tengas que pagar la calefacción, pero no compensa.

He procrastinado para sentarme a escribir hasta límites que no conocía, todo por no enfrentar el dolor que me provocaba recordar. He vuelto a vivir el estrés postraumático, el miedo, la ansiedad, las pesadillas, las noches sin dormir, el sentimiento de abandono, la desesperanza, el vacío y el sinsentido de la existencia. Pero en ningún momento pensé en dejarlo.

Esta vez no.

No era una opción porque sabía que este libro es necesario, para mí la primera.

Revivirlo todo me ha servido para integrar y colocar lo que pasó. Sigue doliendo igual, pero al menos ahora hay menos caos.

Sé que ha dolido tanto porque le he puesto todo mi corazón. No concibo otra forma de hacer las cosas, sobre todo, las que tengan que ver con Miguel.

Por suerte, ahora el camino no ha sido tan hostil, porque mi vida me gusta mucho más que la que tenía entonces y porque soy capaz de ver la fortuna que tengo con toda la gente que me ha rodeado arropándome, para anclarme y no dejar que me hunda en esta odisea. A todos ellos quiero darles las gracias desde lo más profundo de mí.

Gracias a mi madre, a mi hermana y a mi tío, por estar y quererme incondicionalmente siempre. Gracias a mi padre. Gracias a Planeta, y en especial a mis editoras, Andrea y Laura, por confiar plenamente en mí y solo sumar. Gracias a las Genias, por seguir siendo mis amigas por inercia y mi red de seguridad. Gracias a David y a Cristina, mis bebés queridos. Gracias a Bianca, a Dani, a Álex, a Tulum y a Raquel, por ser familia. Gracias a Miguel. Gracias por acompañarme. Ha sido mucho menos oscuro con vosotros.

Gracias a Vicky y a Dani por ser tan generosos, y escribir unas palabras tan bonitas e importantes sobre este libro, significan mucho. Que la vida os traiga muchos más éxitos.

Gracias a todos los que me apoyan siempre, haga lo que haga y vaya donde vaya.

Gracias a ti, por leerlo, ojearlo o ir directamente a los agradecimientos. Aprecio cualquier muestra de cariño. Siempre que pagues el libro.

Y gracias a mí, por seguir aquí.

Por fin llego a Ítaca.